AF205791

Impressum
Verlag: BABADADA GmbH, Nedderfeld 112 , 22529 Hamburg
Geschäftsführer / Verlagsleitung: Harald Hof
Druck: Books on Demand GmbH, In de Tarpen 42, 22848 Norderstedt

Imprint
Publisher: BABADADA GmbH, Nedderfeld 112 , 22529 Hamburg, Germany
Managing Director / Publishing direction: Harald Hof
Print: Books on Demand GmbH, In de Tarpen 42, 22848 Norderstedt, Germany

iskola

ቤት-ትምህርቲ

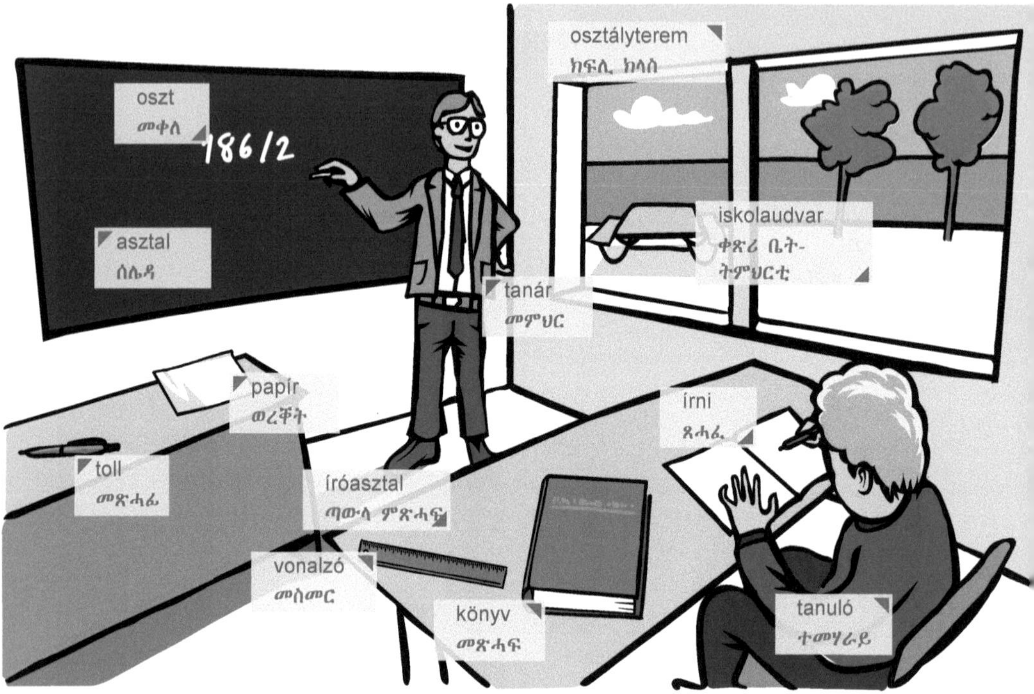

osztályterem
ክፍሊ ክላስ
oszt
መቀለ
186/2
asztal
ሰሌዳ
iskolaudvar
ቀጽሪ ቤት-ትምህርቲ
tanár
መምህር
papír
ወረቐት
írni
ጸሓፈ
toll
መጽሓፊ
íróasztal
ጣውላ ምጽሓፍ
vonalzó
መስመር
könyv
መጽሓፍ
tanuló
ተመሃራይ

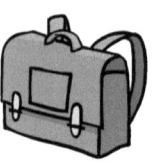

iskolatáska

ሳንጣ ትምህርቲ

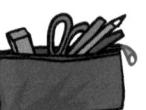

tolltartó

ሰፈር ብርዒ

ceruza

ርሳስ

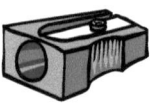

ceruzahegyező

መብልሒ ርሳስ

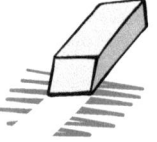

radír

መደምሰሲ

rajzfüzet

ጥራዝ ስእሊ

rajz

ስእሊ

ecset

ብርኂ ቀለም

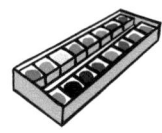

festőkészlet

ቦክስ ቀለም

olló

መቐስ

ragasztó

መጣበቒ

munkafüzet

ጥራዝ መላመዲ

házi feladat

ዕዮ ገዛ

szám

ቁጽሪ

összead

ወሰኽ

kivon

ጎደለ

szoroz

ረብሐ

számol

ደመረ

betű

ፊደል

ABC

ስርዓት ፊደላት

szó

ቃል

szöveg

ጽሑፍ

olvasni

አንበበ

kréta

ኩርሽ

tanóra

ሰዓት

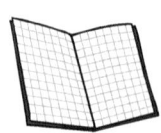

napló

መዝገብ ክላስ

vizsga

መርመራ

bizonyítvány

ሰርቲፊከት

iskolai egyenruha

ድቢዛ ቤትትምህርቲ

oktatás

ትምህርቲ

enciklopédia

ለክሲኮን

egyetem

ዩኒቨርሲቲ

mikroszkóp

ሚክሮስኮፕ

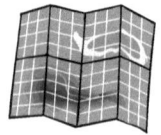

térkép

ካርታ

papír-hulladék gyüjtö

ጓሓፍ ወረቛት

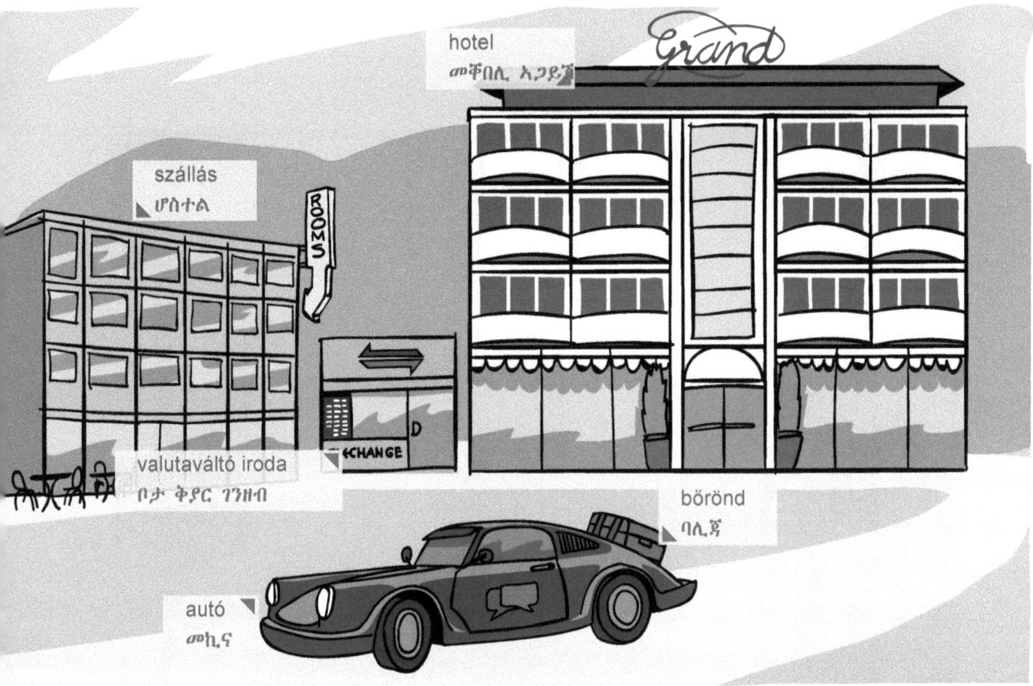

hotel
መቐበሊ ኣጋይሽ
Grand
szállás
ሆስተል
ROOMS
EXCHANGE
valutaváltó iroda
ቦታ ቅያር ገንዘብ
bőrönd
ባሊጃ
autó
መኪና

nyelv

ቋንቋ

igen/nem

እወ / ኖ

rendben

ሕራይ

szia

ሰላም

fordító

ኣስተርጓሚ

köszönöm

የቐንየለይ

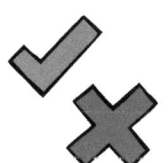

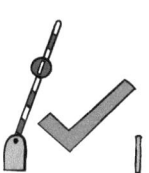

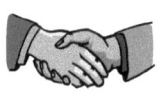

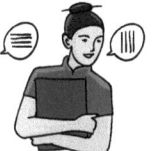

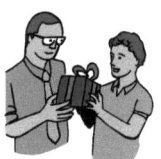

mennyibe kerül...?

. . . ክንደይ ዋግኡ?

nem értem

አይተረደአኹን

probléma

ሽግር

Jó estét!

ሰላም ምሽት!

jó reggelt!

ከመይ ሓዲርካ

jó éjszakát!

ሰላም ለይቲ

viszontlátásra

ደሓን ኩን

útirány

አንፈት

poggyász

ጉዓዝ

táska

ሳንጣ

hátizsák

ሳንጣ ሕቖ

vendég

ጋሻ

szoba

ክፍሊ.

hálózsák

ክሽ መደቐሲ.

sátor

ቴንዳ

turista információ

ሓበሬታ በጻሕቲ ሃገር

strand

ገምገም ባሕሪ

hitelkártya

ክሬዲት ካርድ

reggeli

ቁርሲ

ebéd

ምሳሕ

vacsora

ድራር

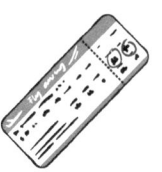

jegy

ቲከት

lift

ሊፍት

bélyeg

ማሕተም ደብዳበ

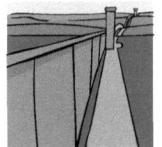

határ

ዶብ

vám

ድንሳ

nagykövetség

ኣምበሲ

vízum

ቪዛ

útlevél

ፓስፖርት

közlekedés

መጓዓዝያ

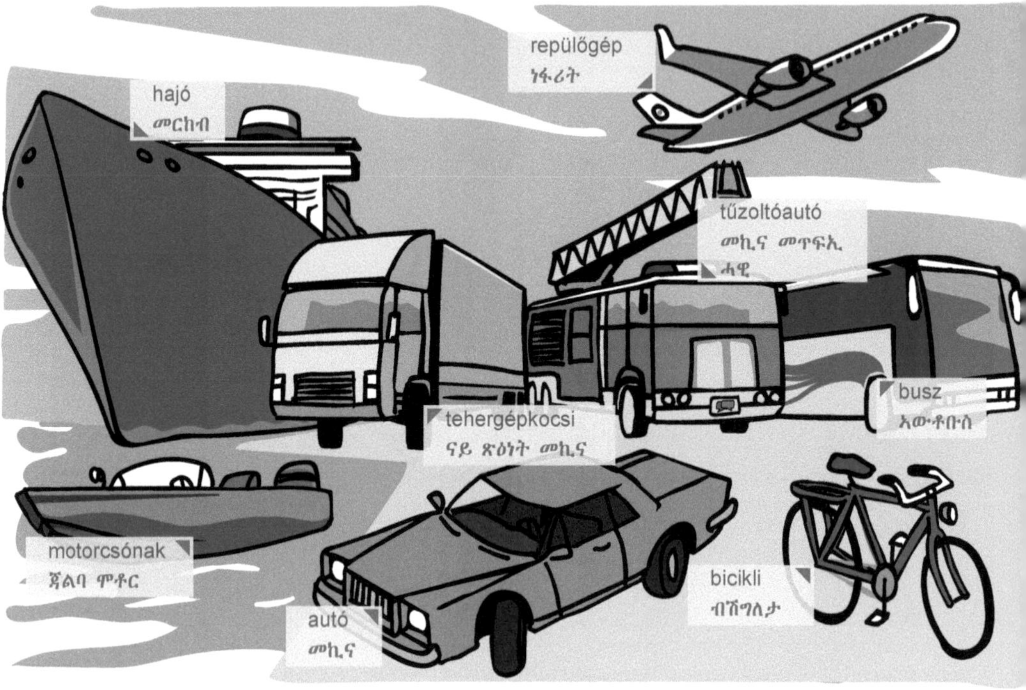
repülőgép
ነፋሪት
hajó
መርከብ
tűzoltóautó
መኪና መጥፍኢ ሓዊ
busz
ኣውቶቡስ
tehergépkocsi
ናይ ጽዕነት መኪና
motorcsónak
ጃልባ ሞቶር
bicikli
ብሽግለታ
autó
መኪና

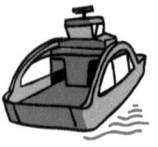

komp

ፈሪ

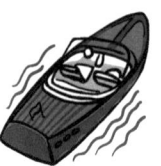

csónak

ጃልባ

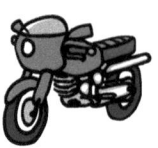

motorkerékpár

ሞቶ

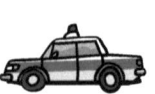

rendőrautó

መኪና ፖሊስ

versenyautó

መኪና ቅድድም

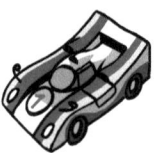

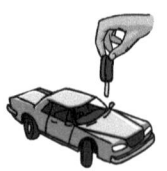

bérautó

ክራይ መኪና

telekocsi

ምውፋይ መካይን

vontató

መወሰዲ መኪና

szemetes autó

መኪና ጎሓፍ

motor

ሞቶር

üzemanyag

ነዳዲ

benzinkút

እንዳ ነዳዲ

közlekedési tábla

ምልክት ትራፊክ

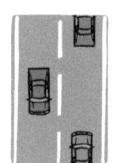

forgalom

ትራፊክ

forgalmi dugó

ምጭቅጫቅ ትራፊክ

parkoló

መዐሸጊ መኪና

vonatállomás

መዕረፊ ባቡር

sínek

ሓዲግ

vonat

ባቡር

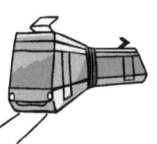

villamos

ትራም

vagon

ባጎኒ

helikopter

ኄሊኮፕተር

repülőtér

መዓረፍ ነፈርቲ

torony

ታወር

utas

ተጓዓዚ

konténer

ኮንተይነር

kartondoboz

ሳንዱቅ ካርቶን

taliga

ኮርሳ ጽዕነት

kosár

ዘንቢል

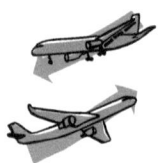

felszáll / leszáll

ተበገሰ / ዓለበ

város

ከተማ

falu

ቀሺት

városközpont

ማእከል ከተማ

ház

ገዛ

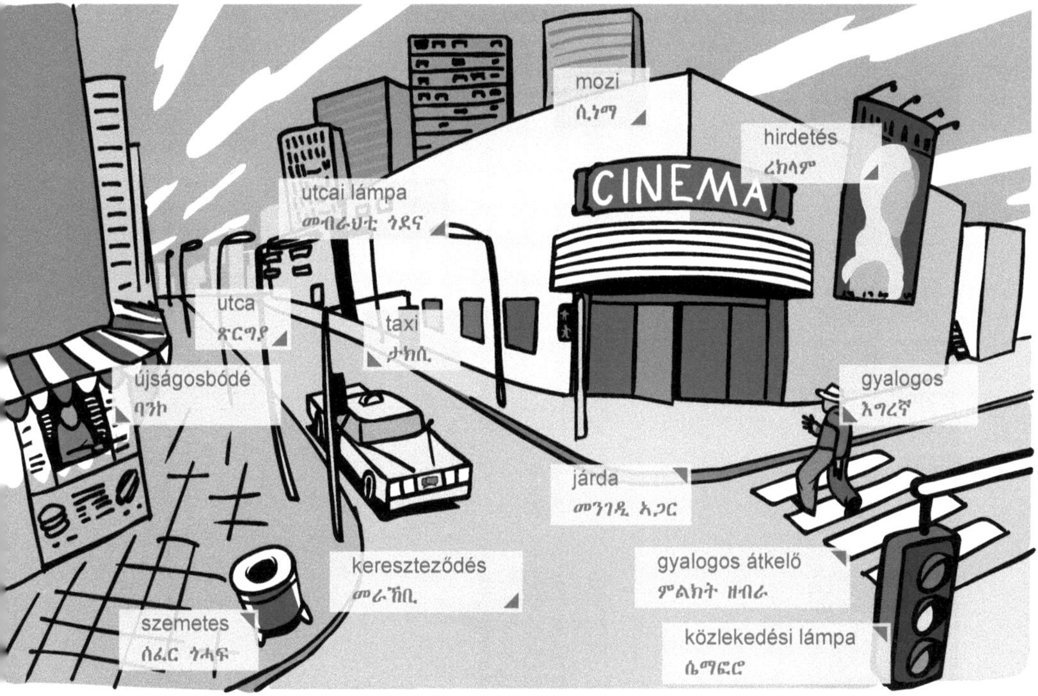

mozi
ሲነማ

hirdetés
ረክላም

utcai lámpa
መብራህቲ ጎደና

utca
ጽርግያ

taxi
ታክሲ

CINEMA

újságosbódé
ባንኩ

gyalogos
እግረኛ

járda
መንገዲ እግር

kereszteződés
መራኸቢ

szemetes
ሰፈር ጎሓፍ

gyalogos átkelő
ምልክት ዘብራ

közlekedési lámpa
ሴማፎር

kunyhó
....
አጉዶ

lakás
....
አፓርትመንት

vonatállomás
....
መዕረፊ ባቡር

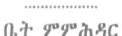

városháza
....
ቤት ምምሕዳር

múzeum
....
ቤተ መዘክር

iskola
....
ቤት-ትምህርቲ

egyetem

ዩኒቨርሲቲ

bank

ባንክ

kórház

ሆስፒታል

hotel

መቆበሊ አጋይሽ

gyógyszertár

ቤት መድሃኒት

iroda

ቤት ጽሕፈት

könyvesbolt

ዱኳን መጽሐፍቲ

üzlet

ዱኳን

virágüzlet

ዱኳን ዕንባባ

szupermarket

ሱፐርማርክት

piac

ዕዳጋ

áruház

ሹቅ

halárus

ነጋዳይ ዓሳ

bevásárló központ

ሹቅ

kikötő

መርሳ

park

መዝናግዒ

pad

ባንኪ

híd

ድልድል

lépcső

መደያይቦ

metró

ባቡር ትሕቲ ምድሪ

alagút

ቢንቶ

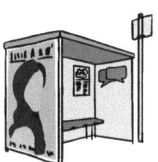

buszmegálló

መዕረፊ ኣውቶቡስ

bár

ቤት መስተ

étterem

ቤት-መግቢ

postaláda

ሳታሪት

utcatábla

ታቤላ

parkoló óra

ሰዓት ፓርኪንግ

állatkert

መካነ እንስሳታት

uszoda

መሓምበሲ

mecset

መስጊድ

gazdálkodás

ቤት ሕርሻ

környezetszennyezés

ብከላ

temető

መቓብር

templom

ቤተክርስትያን

játszótér

ቦታ ምጽዋት

szentély

ቤት መቅደስ

táj

ስእሊ መሬት

levél
ኣቝጽልቲ

útjelző tábla
መሕበሪ መገዲ

út
መገዲ

rét
ሸኻ

kő
እምኒ

túrázó
ኮብላሊ

fa
ኣግራብ

folyó
ፈለግ

fű
ሰዓሪ

virág
ዕንባባ

völgy

ስንጭሮ

domb

ኮበ

tó

ቀላይ

erdö

ዱር

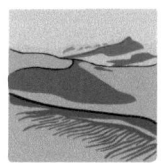

sivatag

ምድረ በዳ

vulkán

እሳተ-ጎመራ

kastély

ግምቢ

szivárvány

ቀስተ-ደመና

gomba

ቃንጥሻ

pálmafa

ዘንባባ

szúnyog

ጣንጡ

légy

ዝንብ

hangya

ጒንዳን

méhecske

ንብ

pók

ሸረሪት

bogár

ሕንዚዝ

béka

ዕንቅርዖብ

mókus

ምጽጹላይ

sündisznó

ቅንፍዝ

nyúl

ማንቲለ

bagoly

ጉንጃ

madár

ጭሩ

hattyú

ስዋን

vaddisznó

መፍለስ

szarvas

ዓጋዝን

rénszarvas

ሙስ

gát

ግድብ

szélturbina

ተርባይን ንፋስ

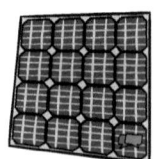

napelem

ሶላር ስርሓት

éghajlat

ኩነታት አየር

étterem

ቤት-መግቢ

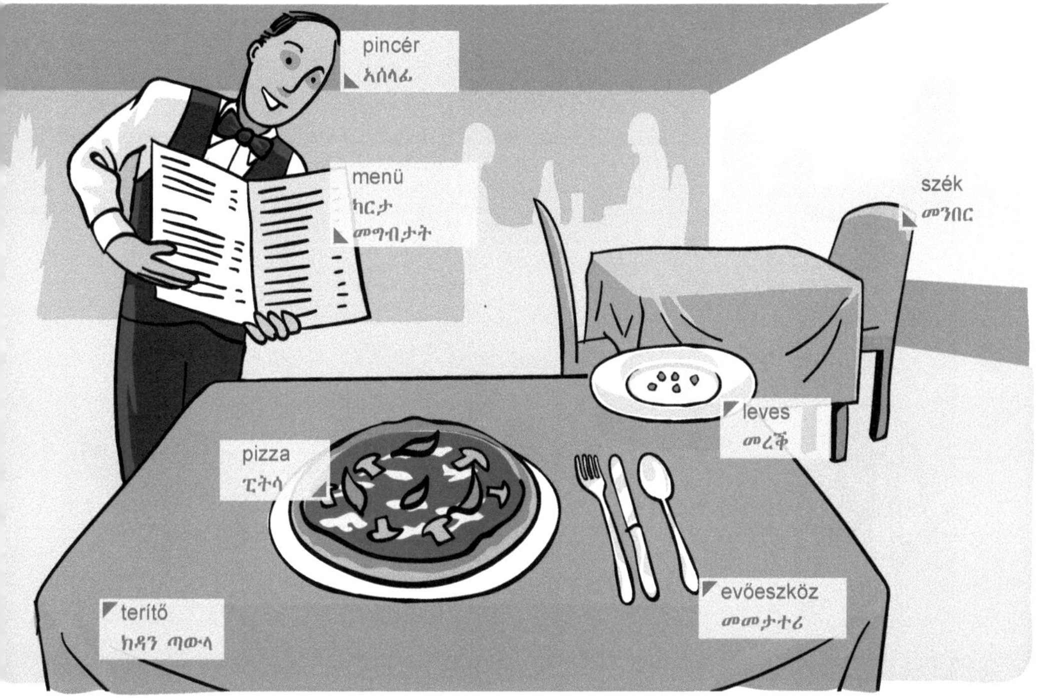

pincér
አሰላፊ
menü
ካርታ
መግብታት
szék
መንበር
leves
መረቕ
pizza
ፒትሳ
evőeszköz
መመታተሪ
terítő
ክዳን ጣውላ

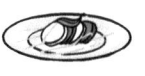

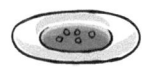

előétel

ቅድመ ቀንዲ መግቢ

főétel

ቀንዲ መኣዲ

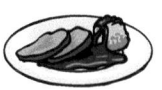

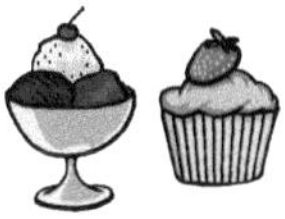

desszert

ድሕረ መግቢ

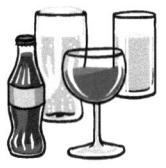

italok

መስተ

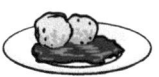

étel

መግቢ

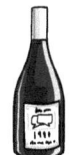

üveg

ጥርሙዝ

gyorsétel

ስሱጥ መግቢ.

gyorsétel

መግቢ. ጽርግያ

teás kanna

ብርጭቆ ሻሂ

cukortartó

ታኒካ ሽኮር

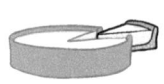

adag

ክፋል

eszpresszógép

ማሺን ኤስፕረሶ

bárszék

ነዊሕ መንበር

számla

ጸብጻብ

tálca

ታብለት

kés

ካራ

villa

ፉርከታ

kanál

ማንካ

teáskanál

ማንካ ሻሂ

szalvéta

ሰርቭየተ

pohár

ብኬሪ

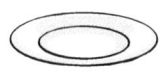

tányér

ሸሓኒ

leveses tányér

ሸሓኒ መረቅ

csészealj

ትሕቲ ኩባያ

szósz

ጸብሒ

sószóró

ወሃቢ ጨው

borsőrlő

መጥሓን በርበረ

ecet

ኣቾቶ

étkezési olaj

ዘይቲ

fűszerek

ቀመም

ketchup

ከቹፕ

mustár

ኣድሪ

majonéz

ማዮኔዝ

szupermarket
ሱፐርማርክት

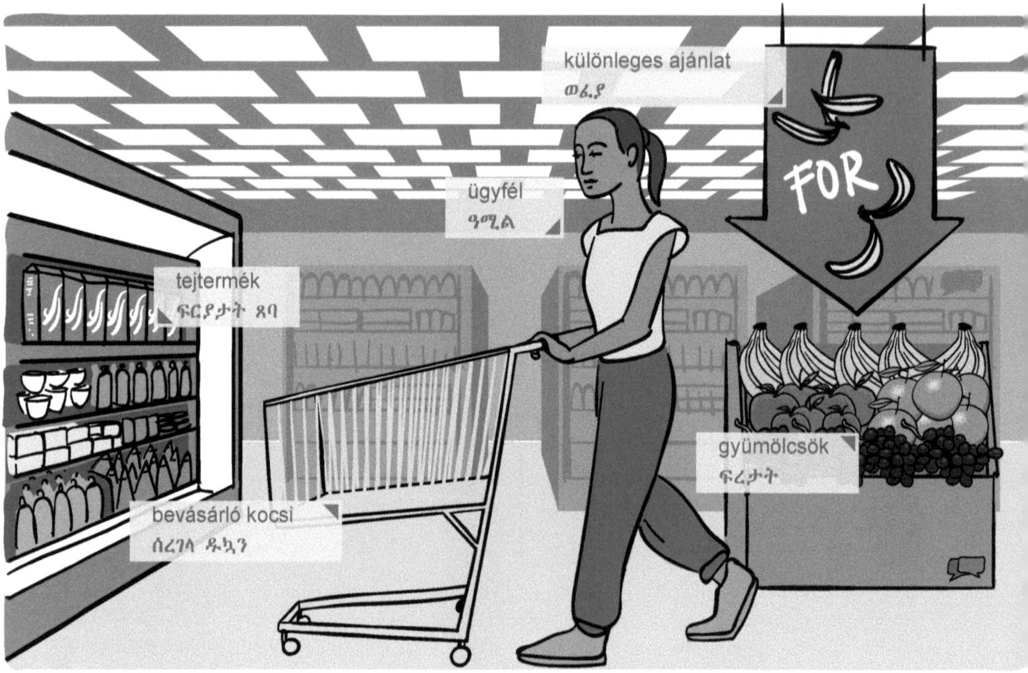
különleges ajánlat
ወፈያ
ügyfél
ዓሚል
tejtermék
ፍርያታት ጸባ
gyümölcsök
ፍረታት
bevásárló kocsi
ሰረገላ ዱኳን
FOR

BUTCHERS

hentes

እንዳ ስጋ

BAKERY

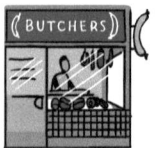

pékség

እንዳ ባኒ

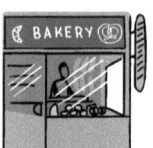

nyom valamennyit

ክብደት

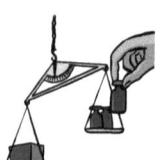

zöldség

ኣሕምልቲ

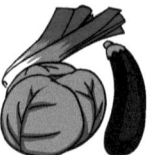

hús

ስጋ

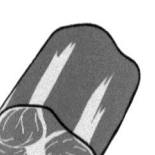

fagyasztott áru

መግቢ ፍሪጅ በረድ

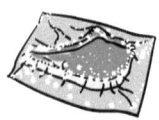

felvágott

ዝሑል ቅሩብ መግቢ.

konzerv

እስቃጣላ

mosópor

ኦሞ

édességek

ምቁር መግቢ.

háztartási termék

ዘቤታውያን ኣቚሑ

tisztítószerek

ናውቲ መጸረዪ.

eladó

ሸቃጣይ

pénztárgép

ካሳ

eladó

ተሓዝ ገንዘብ

bevásárló lista

ዝርዝር ምግዛእ

nyitva tartás

ክፉት ሰዓታት

levéltárca

ማሕፉዳ

hitelkártya

ክረዲት ካርድ

zacskó

ሳንጣ

műanyag zacskó

ፌስታል

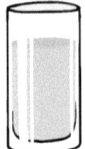

víz

ማይ

gyümölcslé

ጭማቆ

tej

ጸባ

kóla

ኮላ

bor

ነቢት

sör

ቢራ

alkohol

አልኮል

kakaó

ካካው

tea

ሻሂ

kávé

ቡን

eszpresszó

ኤስፕረሶ

kapucsínó

ካፑቺኖ

banán

ባናና

alma

ቱፋሕ

narancs

አራንሺ

sárgadinnye

ብርጭቆ

citrom

ለሚን

sárgarépa

ካሮት

fokhagyma

ጸዕዳ ሽጉርቲ

bambusz

ባምቡስ

hagyma

ሽጉርቲ

gomba

ቅንጥሻ

magvak

ፉል

nokedli

ፓስታ

spagetti

ስፓጌቲ

rizs

ሩዝ

saláta

ሰላጣ

sült krumpli

ቅልዋ ድንሽ

sült burgonya

ቅሉው ድንሽ

pizza

ፒትሳ

hamburger

ሃምቡርገር

szendvics

ሳኒና

hússzelet

ቢስተካ

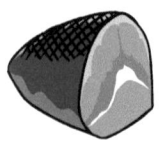

sonka

ሰለፍ ሓሰማ

szalámi

ሳላሚ

kolbász

ግዕዝም

csirke

ደርሆ

pecsenye

ቀለወ

hal

ዓሳ

zabkása

ገዓት

müzli

ሙስሊ

kukoricapehely

ኮርንፍለይክስ

liszt

ሓርጭ

croissant

ክሮሶን

zsemle

ባኒ

kenyér

ባኒ

pirítós kenyér

ቶስት

keksz

ብሽኩቲ

vaj

ጠስሚ

túró

ርጓኦ

sütemény

ፓስተ

tojás

እንቋቍሓ

tükörtojás

ቅሉው እንቋቍሓ

sajt

ፋርማጆ

jégkrém

አይስ ክሪም

cukor

ሽኮር

méz

መዓር

lekvár

ጃም

mogyorókrém

ኑጋት-ክሪም

curry

ኩሪ

gazdálkodás

ቤት ሕርሻ

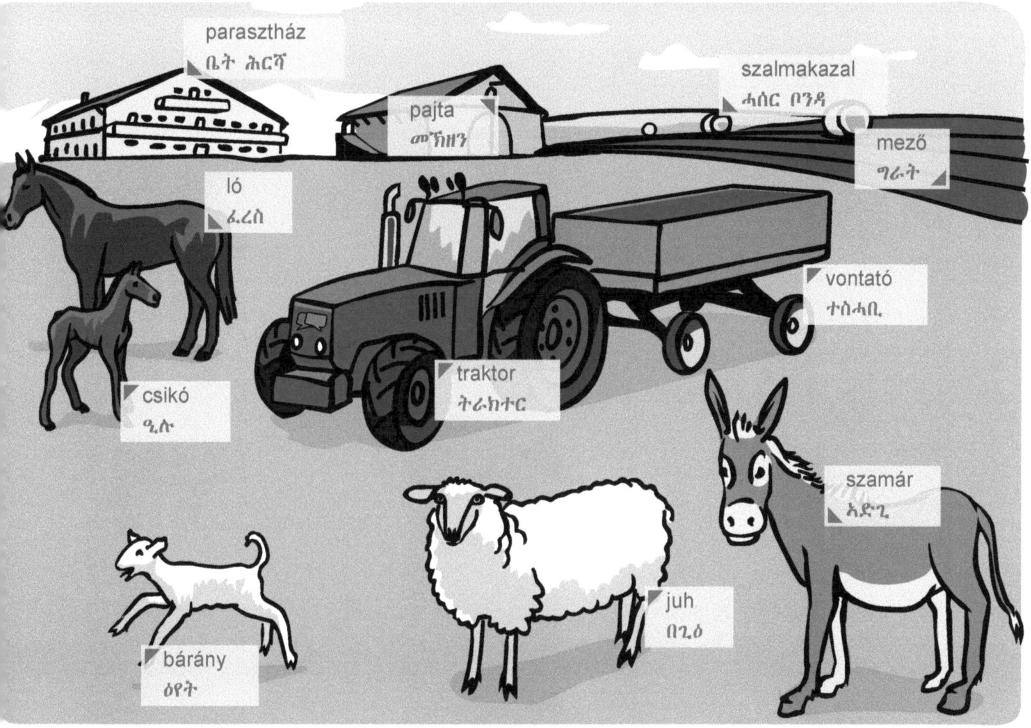
parasztház
ቤት ሕርሻ
pajta
መኽዘን
szalmakazal
ሓሰር ቦንዳ
mező
ግራት
ló
ፈረስ
vontató
ተስሓቢ
traktor
ትራክተር
csikó
ዒሉ
szamár
ኣድጊ
juh
በጊዕ
bárány
ዕየት

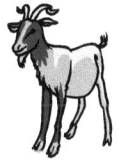

kecske

ጤል

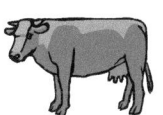

tehén

ብዕራይ

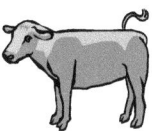

borjú

ምራኽ

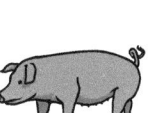

malac

ሓሰማ

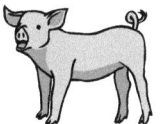

kismalac

ውላድ ሓሰማ

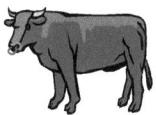

bika

ኣርሓ

liba

ዓሳ

kacsa

ማይ ደርሆ

csibe

ጫቆት

tojó

ደርሆ

kakas

አርሓ ደርሆ

patkány

አንጨዋ ዓባይ

macska

ድሙ

egér

አንጭዋ

ökör

ብዕራይ

kutya

ከልቢ

kutyaház

አጉዶ ከልቢ

kerti öntözőcső

ቱባ ጀርዲን

öntözőkanna

መዝፈሪ ማይ

kasza

ዓቢ ማዕጺድ

eke

ማሕረሻ

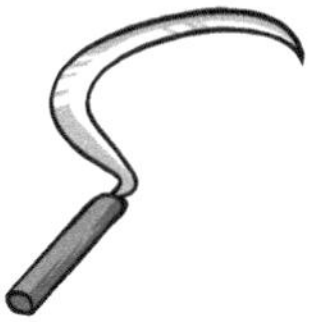

sarló

ማዕጺድ

kapa

ጭኺሮ

vasvilla

መስአ

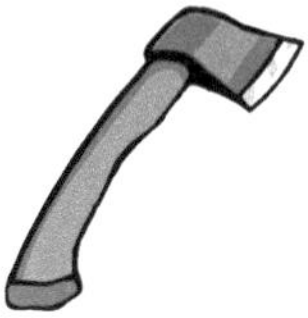

fejsze

ፋስ

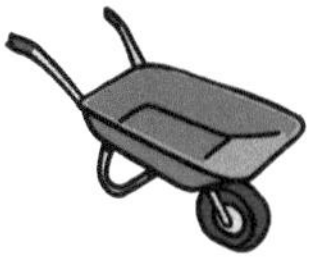

talicska

ዓረብያ ኢድ

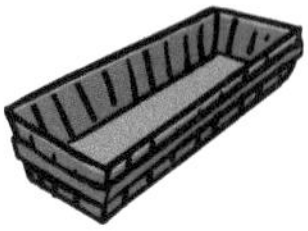

teknő

ጋብላ

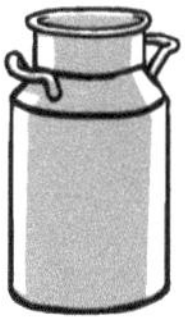

tejes kancsó

ብርጭቆ ጸባ

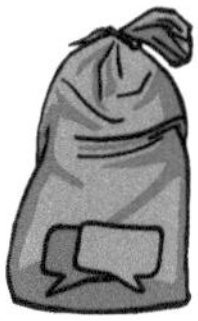

zsák

ክሻ

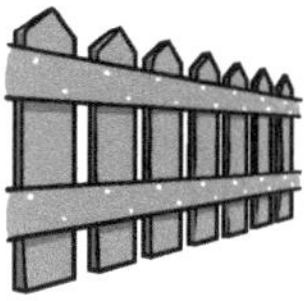

kerítés

ሓጹር

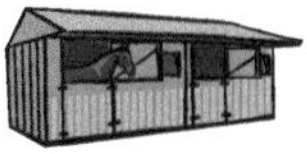

istálló

መጓሰስ

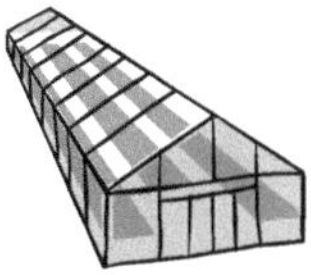

üvegház

ቐጠልያ ገዛ

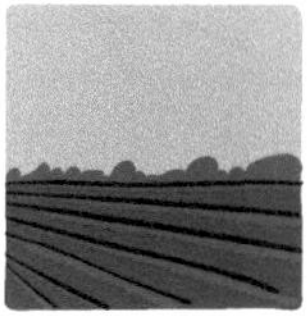

talaj

ባይታ

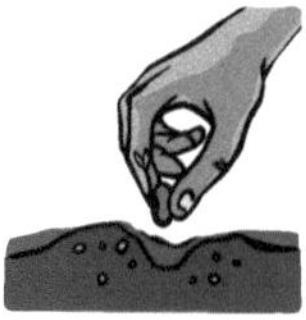

vetőmag

ዘርኢ

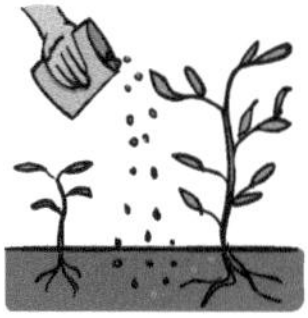

trágya

ድኹዒ

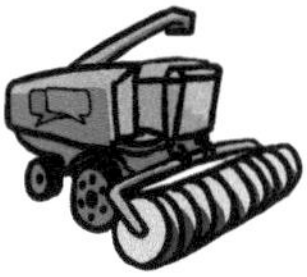

cséplőgép

ዘጣምር ቀውዓይ

szüretelni

ቀው0

betakarítás

ጻማ

yamgyökér

ድንሽ ያም

búza

ስርናይ

szója

ሶያ

burgonya

ድንሽ

kukorica

ዕፉን

repcemag

ራፕስ

gyümölcsfa

ገረብ ፍረታት

manióka

ማኒአክ

gabona

አእኻል

ház

ገዛ

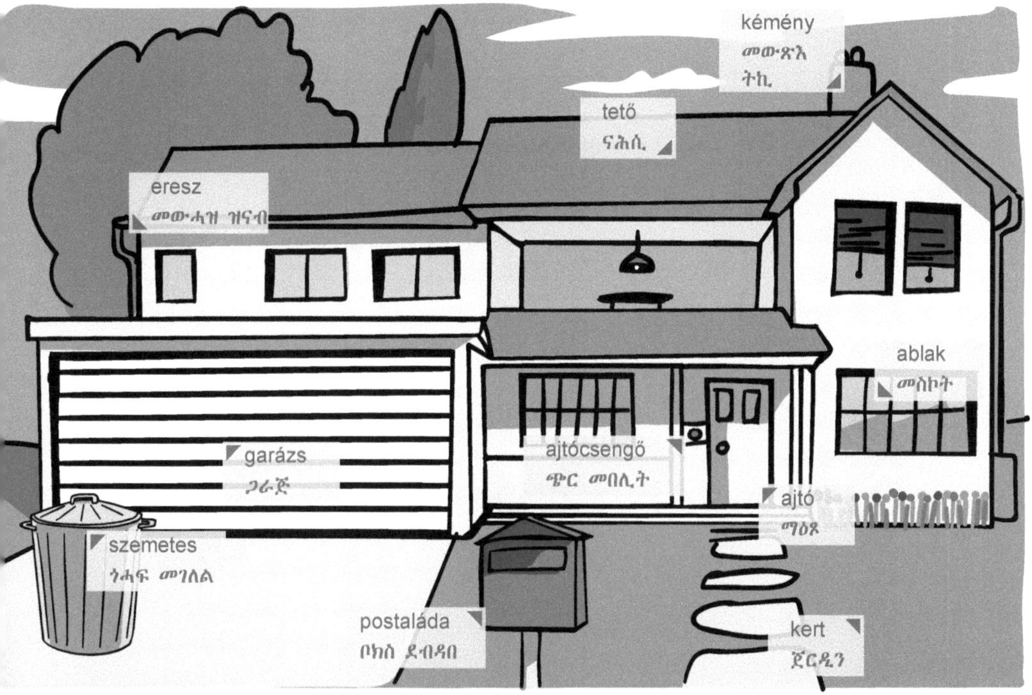

kémény
መውጽእ ትኪ
tető
ናሕሲ
eresz
መውሓዝ ዝናብ
ablak
መስኮት
garázs
ጋራጅ
ajtócsengő
ጭር መበሊት
ajtó
ማዕጾ
szemetes
ኅሓፍ መገለል
postaláda
ቦክስ ደብዳበ
kert
ጀርዲን

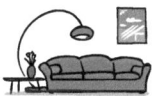

nappali

ክፍሊ ምቕማጥ

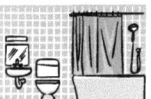

fürdőszoba

ክፍሊ ባንዮ

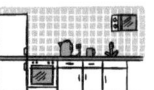

konyha

ክሽነ

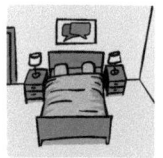

hálószoba

ክፍሊ መደቀሲ

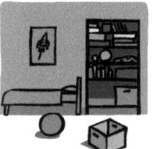

gyerekszoba

ክፍሊ ቆልዑ

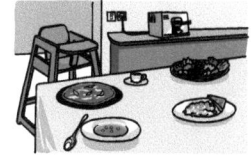

ebédlő

መመገቢ ክፍሊ

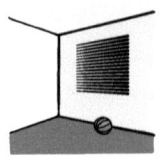

padló

ባይታ

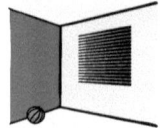

fal

መንደቅ

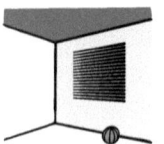

plafon

ከቦርታ

pince

ካንቲና

szauna

ሳውና

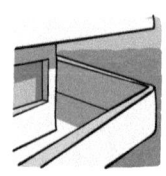

erkély

ባልኮን

terasz

ዛላ

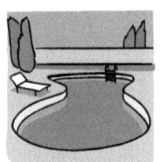

medence

መሕምበሲ

fűnyíró

መቍረጺ ሳዕሪ

lepedő

አንሶላ ዓራት

ágytakaró

ከቦርታ ዓራት

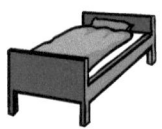

ágy

ዓራት

seprű

መኸ፡ስተር

vödör

መገለል

kapcsoló

መወልዒት

nappali

ክፍሊ ምቕማጥ

tapéta
ወረቐት መንደቕ
kép
ስእሊ
lámpa
ላምባ
polc
ከብሒ
szekrény
ከብሒ
televízió
ተለቪዥን
kandalló
መውጽኢ ትኪ ኣብ ገዛ
virág
ዕንባባ
párna
መተርኣስ
kanapé
ሳሎን
váza
ባዞ
távirányító
ሪሞት

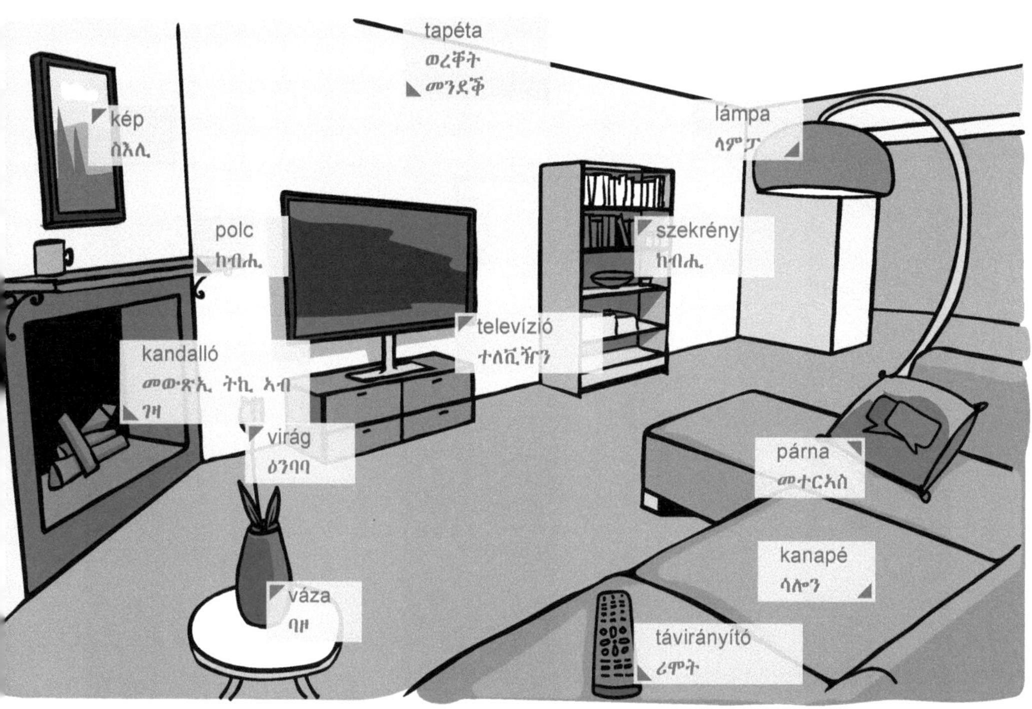

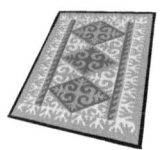

szőnyeg
....
መንጸፍ

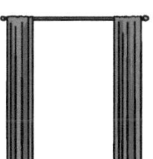

függöny
....
መጋረጃ

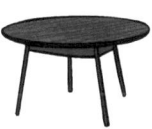

asztal
....
ጣውላ

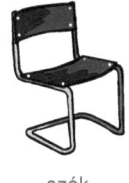

szék
....
መንበር

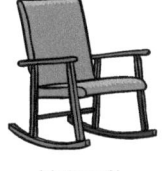

hintaszék
....
ሰለል ዝብል መንበር

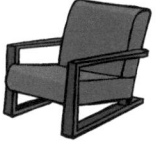

karosszék
....
መንበር ምቹእ

könyv

መጽሐፍ

takaró

ከበርታ

dekoráció

ስልማት

tűzifa

እንጨይቲ ሓዊ

film

ፊልም

hifi

ስተሬዮ

kulcs

መፍትሕ

újság

ጋዜጣ

festmény

ቅብኣ

poszter

ፖስተር

rádió

ሬድዮ

jegyzetfüzet

ጥራዝ

porszívó

መልገሲ ደሮና

kaktusz

በለስ

gyertya

ሽምዓ

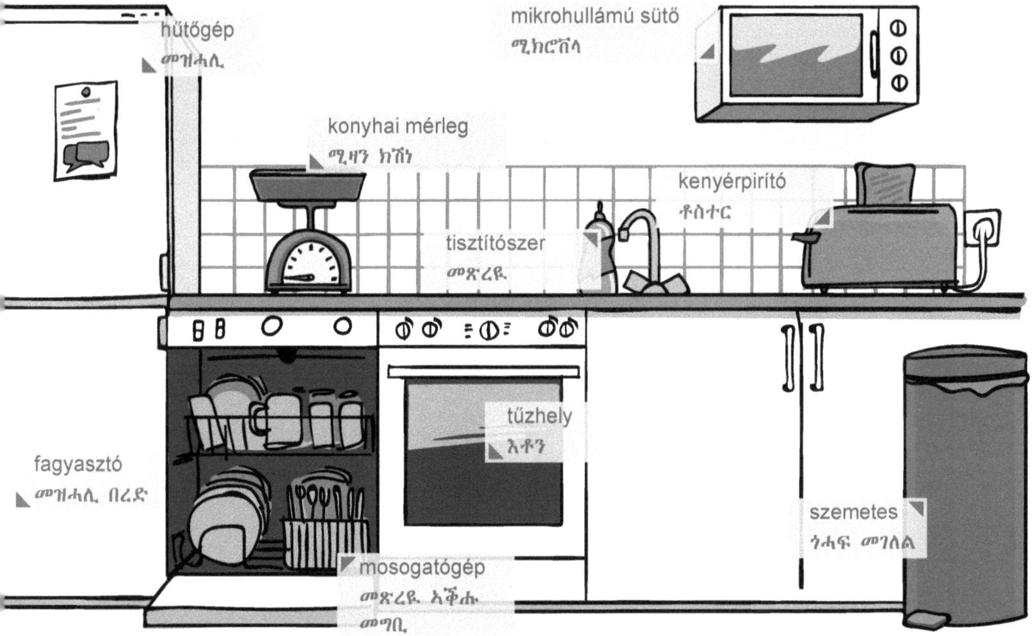

hűtőgép
መዝሓሊ

mikrohullámú sütő
ሚክሮሸላ

konyhai mérleg
ሚዛን ክሽን

kenyérpirító
ቶስተር

tisztítószer
መጽረዪ

fagyasztó
መዝሓሊ በረድ

tűzhely
እቶን

szemetes
ጎሓፍ መገለል

mosogatógép
መጽረዪ ኣቁሑ
መግቢ

tűzhely

መኽሸኒ

edény

ድስቲ

vasfazék

ድስቲ ሓጺን

wok / kadai

ቦክ/ካዳይ

serpenyő

ባደላ

vízforraló

መውዓዪ ማይ

pároló

መፍልሒ

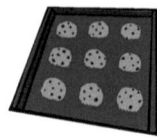

tepsi

ጎንቤራ ምስንካት

étkészlet

ኣቕሑ መግቢ

bögre

ብርጭቆ

tálka

ጭሓሎ

evőpálcika

ማንካቺና

merőkanál

ማንካ መረቕ

keverőlapátka

መገልበጢ ባደላ

habverő

መኸስተር ውርጪ

szűrő

መንፈት መግቢ

szita

መንፈት

reszelő

መፋሕፍሒ

mozsár

ሞርታር

grillsütő

ባርቢኪዩ

kandalló

ስፍራ ሓዊ

vágódeszka

እንጨይቲ ምምታር

sodrófa

እንጨይቲ ኩረር

dugóhúzó

መኽፈት ቡሽ

doboz

ታኒካ

konzervnyitó

መኽፈቲ ታኒካ

edényfogó

ጨርቂ ድስቲ

mosogató

ቡምባ

kefe

ኣስባስላ

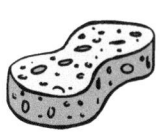

szivacs

ሰፍነግ

turmixgép

ሓዋሲ ኣደባላቒ

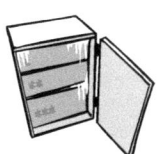

mélyhűtő

መዝሓሊ በረድ

cumisüveg

ጥርሙዝ ማማይ

csap

ቡምባ ማይ

zuhany
መሕጸቢ ሻወር

fűtés
መውዓዪ.

törölköző
ሽጎማኖ

zuhanyfüggöny
ሻወር መጋረጃ

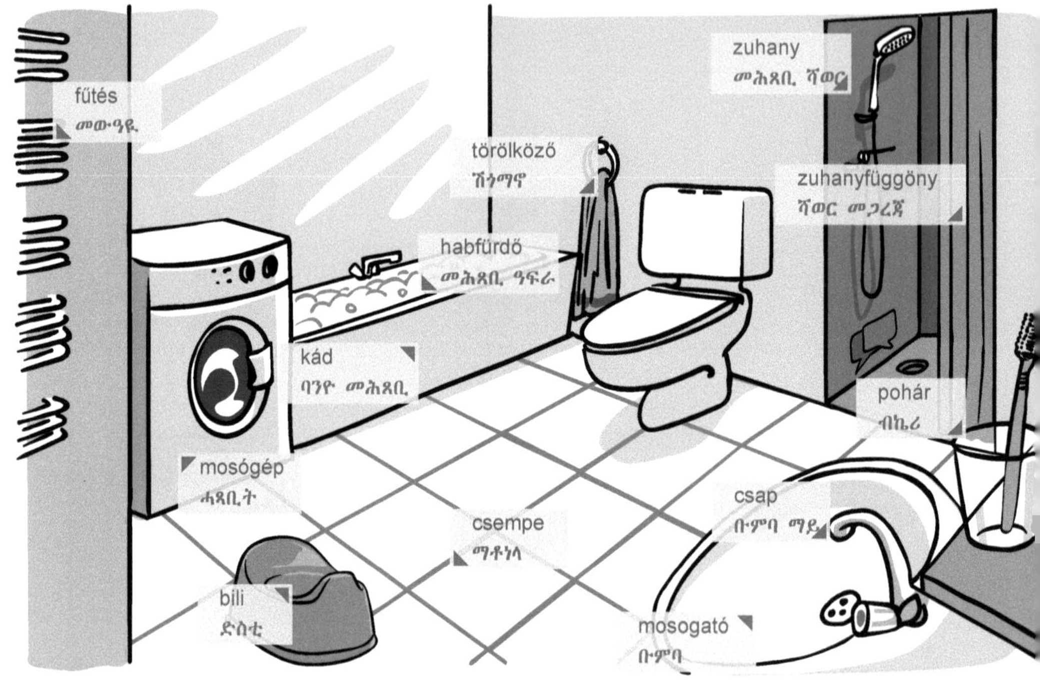

habfürdő
መሕጸቢ ዓፍራ.

kád
ባንዮ መሕጸቢ.

pohár
ብኬሪ

mosógép
ሓጸቢት

csap
ቡምባ ማይ

csempe
ማቶነላ

bili
ድስቲ

mosogató
ቡምባ

toalett	guggolós toalett	bidé
ሽቓቕ	ሽቓቕ ኮፍ	በዱ
piszoár	toalett papír	wc kefe
ሽቃቕ ተባዕታይ	ወረቐት ሽቓቕ	ኣስባስላ ሽቓቕ

fogkefe

አስባስላ ስኒ

fogkrém

ክሬም ስኒ

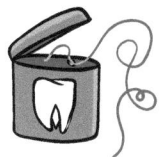

fogselyem

ሃሪ ስኒ

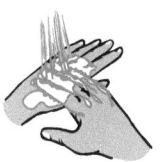

mosni

ሓጸበ

kézi zuhany

ዱሽ ኢድ

intimzuhany

ዱሽ

mosdótál

ብርጭቆ ምሕጸብ

hátmosó kefe

አስባስላ ሕቆ

szappan

ሳምና

tusfürdő

ሽወር ጀል

sampon

ሻምፑ

mosdókesztyű

ጨርቂ መሕጸቢ

lefolyó

መውሓዚ

krém

ክሬም

dezodor

ደዮ ጨና

tükör

መስትያት

kézitükör

ናይ ኢድ መስትያት

borotva

መላጽ

borotvahab

ዓፍራ ምልጻይ

borotválkozás utáni arcszesz

ጨና ድሕሪ ምልጻይ

fésű

መመሽጠ

hajkefe

አስባስላ

hajszárító

መንጭጺ ጸግሪ

hajlakk

ስፕረይ ጸግሪ

smink

መመላኽዒ

ajakrúzs

ብርዒ ቀለም ከንፈር

körömlakk

አዝግልቶ

vatta

ጸምሪ ጡጥ

körömvágó olló

መስደዲ ጽፍሪ

parfüm

ጨና

neszesszer

ሳንጣ መሕጸቢ.

sámli

ድኳ

mérleg

ሚዛን

köntös

ክዳን መሕጸቢ.

gumikesztyű

ጎንቲ መጸረዪ.

tampon

ታምፖን

egészségügyi betét

ጨርቂ ሰበይቲ

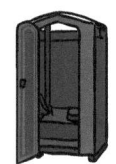

vegyi WC

ሽቓቕ ከሚስትሪ

gyerekszoba

ክፍሊ ቆልዑ

ébresztő óra
ኣላርም መተስኢ
plüssállat
መጻወቲ እንስሳ
játékautó
መጻወቲ መኪና
csörgő
ኳሕኳሕ
መበሊ
babaház
ቤት ባምቡላ
ajándék
ህያብ

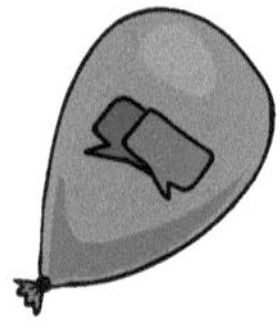

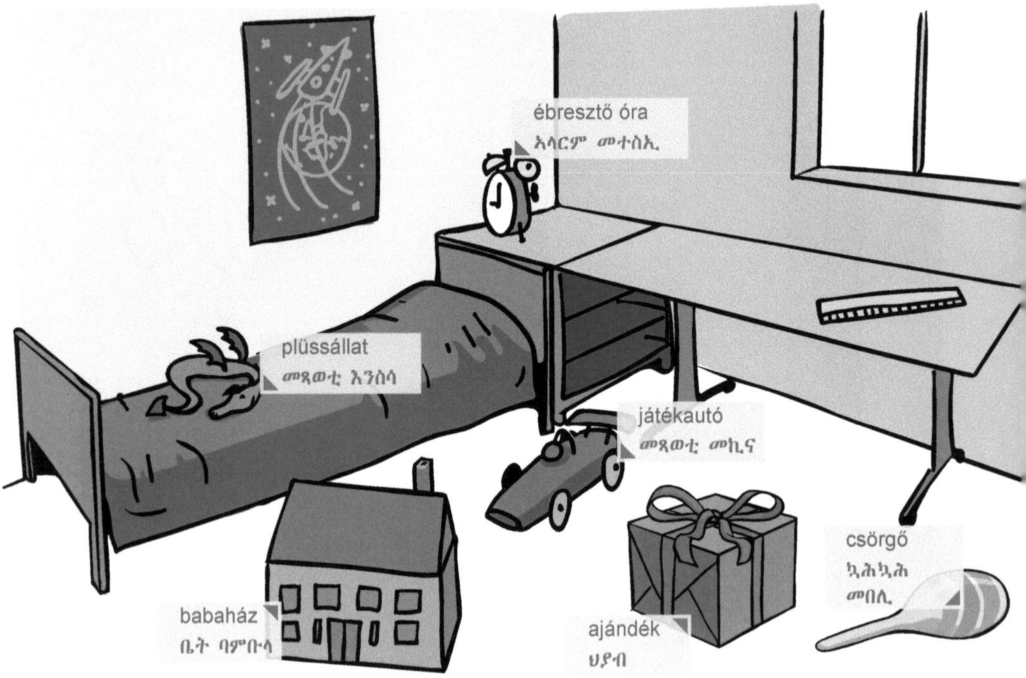

lufi

ባላንችና

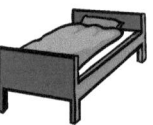

ágy

ዓራት

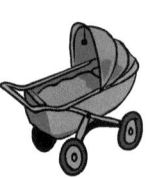

babakocsi

ሰረገላ ህጻን

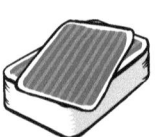

kártyapakli

ጸወታ ካርታ

kirakós játék

ሕንቅሊተይ

SUPER
MEGA

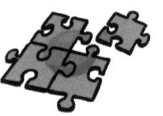

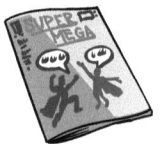

képregény

ኮሜዲ

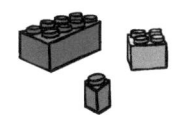

építőkockák

እምነታት መጻወቺ ለጎ

építőelem

መጻወቺ እምነታት

szuperhős

በዓል አክቸን

rugdalózó

ክዳን ማማይ

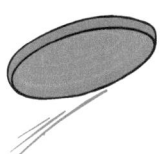

frizbi

ፍሪስቢ

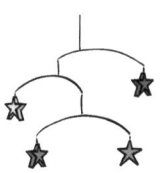

zenélő forgó

ሞባይል ማማይ

társasjáték

ጸወታ ሰሌዳ

kocka

ኩቦ

modellvasút

ሞደል ባቡር ምድሪ

cumi

ዓባስ

zsúr

ፓርቲ

képeskönyv

መጽሓፍ ስእሊ

labda

ኩዕሶ

baba

ባምቡላ

játszani

ተጻወተ

homokozó

መጻወቲ ሑጻ

hinta

ሰላል

játékok

መጻወቲታት

videójáték konzol

ኮንሶል ቪድዮ

tricikli

መጻወቲ ሰለስተ መንኮርኮር

teddi maci

ተዲ

ruhásszekrény

ከብሒ ክዳን

ruházat

ክዳን

zokni

ካልስታት

harisnya

ነዊሕ ካልስታት

harisnyanadrág

ስረ ካልሲ

sál
ሻርባ

eseryő
ጽላ

póló
ማልያ

öv
ቁልፊ

csizma
ረፋሪ

papucs
ጫማ ገዘ

tornacipő
ስኒከርስ

szandál	cipő	gumicsizma
ሻበጥ	ጫማ	ረፋሪ ጎማ

alsónadrág	melltartó	mellény
ሙታንታ	ክዳን ጡብ	ትሕተ ካሚቻ

body

ቦዲ

nadrág

ስረ

farmer

ጂንስ

szoknya

ቀምሽ

blúz

ካምቻ

ing

ካሚቻ

pulóver

ጉልፎ

kapucnis pulóver

ጎልፎ

blézer

ጃኬት

dzseki

ጃከት

kabát

ጁባ

esőkabát

ክዳን ዝናብ

kosztüm

ኮስቱም

ruha

ቀምሽ

esküvői ruha

ቀምሽ መርዓ

öltöny

ልብሲ

hálóing

ካሚቻ ለይቲ

pizsama

ክዳን ለይቲ

szári

ሳሪ

fejkendő

መሃረብ ርእሲ

turbán

ቱርባን

burka

ቡርካ

kaftán

ካፍታን

abaya

አባያ

fürdőruha

ክዳን መሕምበሲ

fürdőnadrág

ስረ መሕምበሲ

rövidnadrág

ሓጺር ስረ

tréningruha

ክዳን ታዕሊም

kötény

በጃ ክዳን

kesztyű

ጓንቲ

gomb

መልኅም

szemüveg

መነጽር

karkötő

በንናጅር

nyaklánc

ማዕተብ

gyűrű

ቀለበት

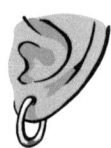

fülbevaló

ኩትሻ

sapka

ቆብዕ

vállfa

መንበሪ ጁባ

kalap

ባርኔጣ

nyakkendö

ካርራቫት

cipzár

ሻርኔጣ

bukósisak

ሀልመት

nadrágtartó

መድልደል ስረ

iskolai egyenruha

ድቢዛ ቤትትምህርቲ

egyenruha

ድቢዛ

elöke

ሰደርያ ቆልዓ

cumi

ዓባስ

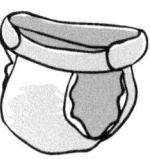

pelenka

ጨርቂ ማማይ

iroda

ቤት ጽሕፈት

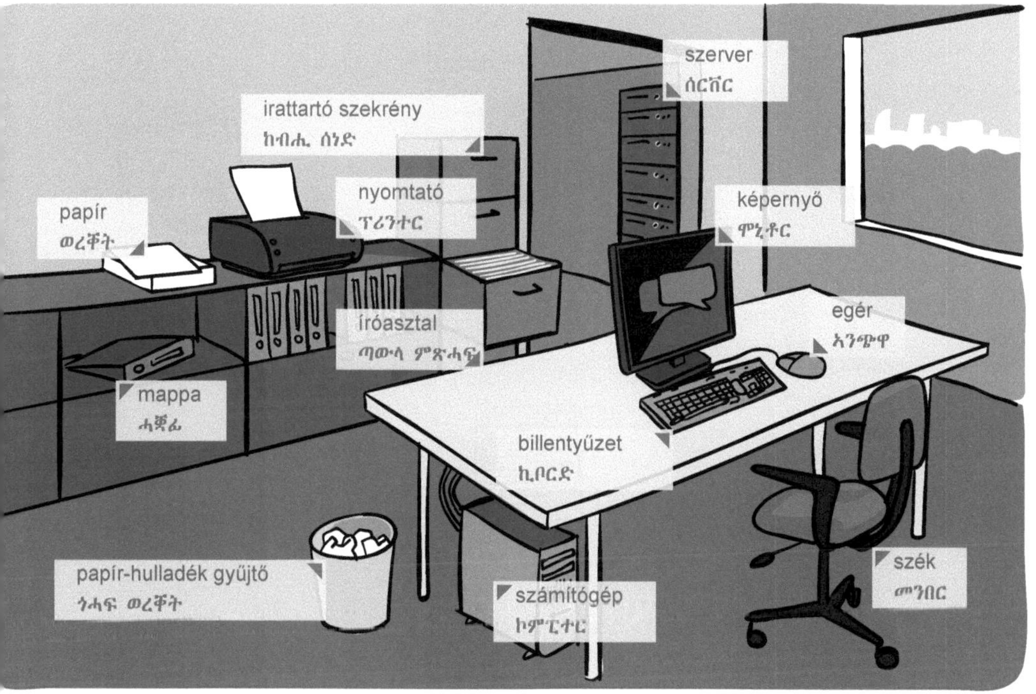

szerver
ሰርቨር

irattartó szekrény
ከብሒ ሰነድ

nyomtató
ፕሪንተር

papír
ወረቓት

képernyő
ሞኒቶር

íróasztal
ጣውላ ምጽሓፍ

egér
ኣንጭዋ

mappa
ሓጺራ

billentyűzet
ኪቦርድ

papír-hulladék gyüjtö
ጎሓፍ ወረቓት

szék
መንበር

számítógép
ኮምፒተር

kávéscsésze

ብርጭቆ ቡን

számológép

ካልኩለተር

internet

ኢንተርነት

laptop

ላፕቶፕ

levél

ደብዳቤ

üzenet

መልእክቲ

mobiltelefon

ሞባይል

hálózat

ነትወርክ/መርበብ

fénymásoló

መቅድሒ ፎቶኮፒ

szoftver

ሶፍትዌር

telefon

ተለፎን

konnektor

ሶከት ኣረንቲ

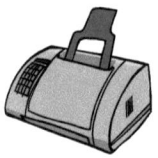

faxgép

ፋክስ

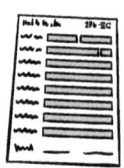

formanyomtatvány

ፎርም

dokumentum

ሰነድ

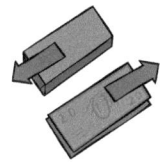

venni

ገዝአ

fizetni

ከፈለ

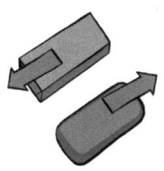

kereskedni

ነግዲ

pénz

ገንዘብ

dollár

ዶላር

euró

አይሮ

jen

የን

rubel

ሩብል

svájci frank

ስዊዝ ፍራንከን

kínai jüan

ረንሚንቢ ዮዋን

rúpia

ሩፒየ

bankautomata

መውጽኢ ማሽን ገንዘብ

valutaváltó iroda

ቦታ ቅያር ገንዘብ

arany

ወርቂ

ezüst

ብሩር

olaj

ዘይቲ

energia

ሓይሊ

ár

ዋጋ

szerződés

ውዕል

adó

ቀረጽ

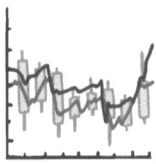

részvény

እኩብ ጥረ-ነገራት

dolgozni

ሰርሓ

munkavállaló

ሰራሕተኛ

munkaadó

ኣስራሒ

gyár

ትካል

üzlet

ዱኳን

rendőr
በዓል ፖሊሳ

tűzoltó
መጠፈኢ
ሓዊ

szakács
ከሻኒ

orvos
ሓኪም

pilóta
መራሒ ነፋሪት

kertész

ሰራሕተኛ ጀርዲን

kárpitos

ጸራቢ ዕንጸይቲ

varrónő

ሰፋይት

bíró

ፈራዳይ

vegyész

ቀማሚ

színész

ተዋሳኢ

buszsofőr

መራሒ አዉቶቡስ

taxisofőr

አውቲስታ ታክሲ

halász

ገፋፊ ዓሳ

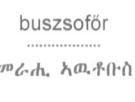

bejárónő

ጸራጊት

tetőfedő

ሃናጸይ ናሕሲ

pincér

አሰላፊ

vadász

ሃዳናይ

festő

ሰአላይ

pék

እንዳ ሕብስቲ

villanyszerelő

ኤለትሪከኛ

építőmunkás

ሃናጺ አባይቲ

mérnök

ሃንዲሲ

hentes

ሰራሕተኛ እንዳ ስጋ

vízvezeték-szerelő

ድራብሊኮ

postás

አማላላሲ ፖስጣ

katona

ወተሃደር

építész

መሃንድስ

eladó

ተሓዛ ገንዘብ

virágos

ሰራሕተኛ ዕምባባ

fodrász

ቀምታማይ

kalauz

ፈተሪኖ

műszerész

መካኒክ

kapitány

መራሒ መርከብ

fogorvos

ሓኪም ስኒ

tudós

ተመራማሪ

rabbi

ራቢ

imám

ኢማም

szerzetes

ፈላሲ

lelkész

ቀሺ

szerszámok

ናውቲ

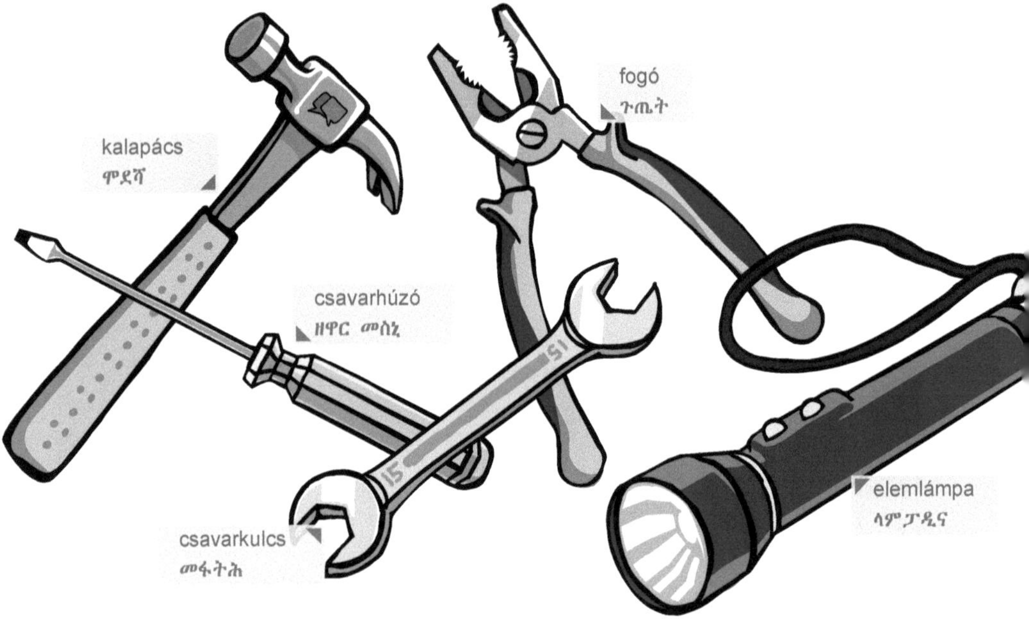

kalapács
ሞደሻ
fogó
ጉጤት
csavarhúzó
ዘዋር መስኒ
csavarkulcs
መፋትሕ
elemlámpa
ላምፓዲና

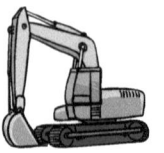

markológép
ፈሓሪ

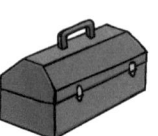

szerszámosláda
ናውቲ ቦክስ

vödör
መደያይቦ

fűrész
መጋዝ

szög
መስማር

fúrógép
ኰዓቲ

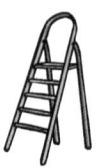

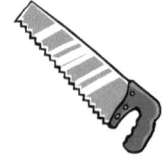

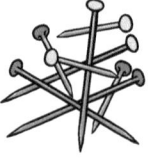

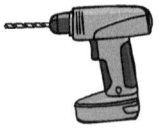

megjavítani

ምዕራይ

lapát

ባደላ

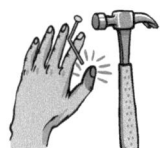

A francba!

አይ!

szemétlapát

መትሓዚ ዶሮና

festékesdoboz

ድስቲ ቀለም

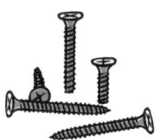

csavar

ካቻቢተ

hangszerek

መሳርሒ ሙዚቃ

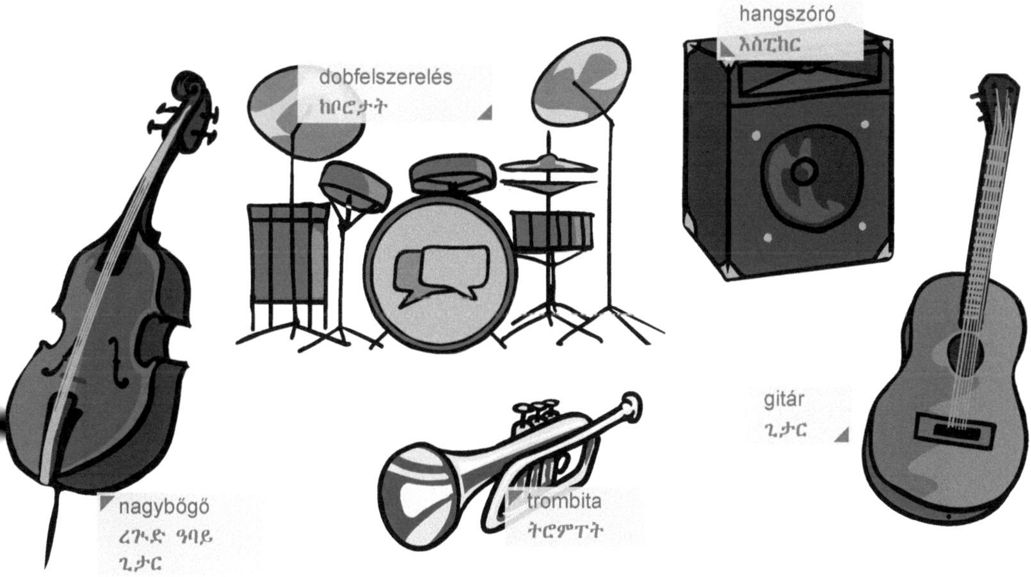

dobfelszerelés

ከበሮታት

hangszóró

እስፒከር

nagybőgő

ረጉድ ዓባይ

ጊታር

trombita

ትሮምፔት

gitár

ጊታር

zongora

ፒያኖ

hegedű

ቫዮሊን

basszusgitár

ባስ ጊታር

üstdob

ቲምንኢ

dobok

ከበሮ

digitális zongora

ኦርጋን

szaxofon

ሳክሶፎን

fuvola

ሻምብቆ

mikrofon

ሚክሮፎን

állatkert

መካነ እንስሳታት

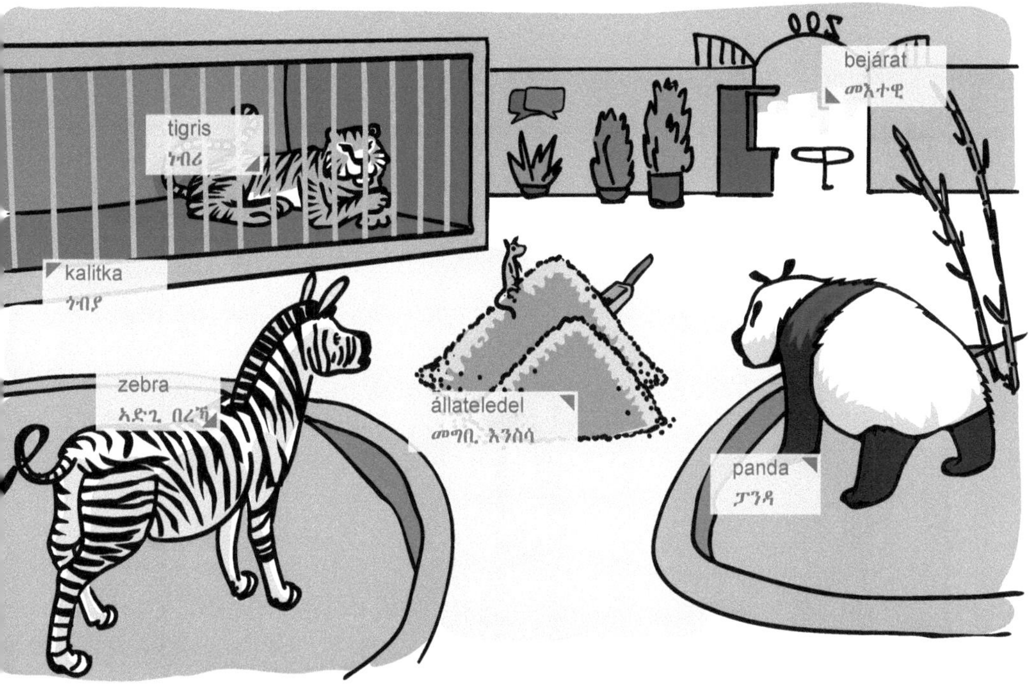

bejárat
መእተዊ
tigris
ነብሪ
kalitka
ጎብያ
zebra
ኣድጊ በረኻ
állateledel
መግቢ እንስሳ
panda
ፓንዳ

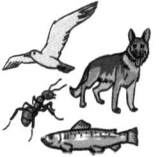

állatok

እንስሳታት

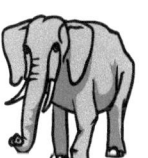

elefánt

ሓርማዝ

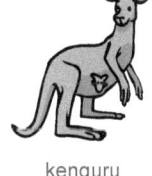

kenguru

ካንጋሩ

orrszarvú

ሓሪሽ

gorilla

ጐሪላ

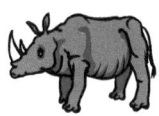

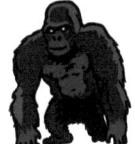

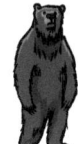

medve

ድቢ

teve

ገመል

strucc

ሰገን

oroszlán

አንበሳ

majom

ህበይ

flamingó

ፍላሚንጎ

papagáj

ሕንጻይ

jegesmedve

ድቢ በረድ

pingvin

ፐንጉን

cápa

ከልቢ ዓሳ

páva

ጣውስ

kígyó

ተመን

krokodil

ሓርገጽ

állatgondozó

ሓላዊ ቤት ገርድሽ

fóka

ዓሳ ዚምገብ እንስሳ ባሕሪ

jaguár

ጃጓር

póniló

ሓጺር ፈረስ

leopárd

ነብሪ

víziló

ጉማረ

zsiráf

ጂራፍ

sas

ሲላ

vaddisznó

መፍለስ

hal

ዓሳ

teknös

ጎብየ

rozmár

ዋልሩስ

róka

ወኻርያ

gazella

ሰስሓ

amerikai futball
ናይ ኣሜሪካ ኩዑሶ እግሪ

kerékpározás
ምዝዋር ብሽግለታ

tenisz
ተኒስ

kosárlabda
ባስከትባል

úszás
ምሕምባስ

boksz
ቦክሲንግ

jégkorong
ሆኪ በረድ

futball
ኩዑሶ እግሪ

tollas
ባድሚንቶን

atlétika
እስፖርታዊ ንጥፈታት

kézilabda
ኩዑሶ ኢድ

síelés
ስኪ

lovaspóló
ፖሎ

írni	rajzolni	mutatni
ጸሓፊ	ስኣለ	ኣርኣየ
tolni	adni	vinni
ደፍአ	ሃበ	ወሰደ

birtokolni

አለወ

csinálni

ገበረ

lenni

ኮነ

állni

ጠጠው በለ

futni

ጎየየ

húzni

ሰሐበ

hajít

ሰንደወ

esni

ወደቐ

hazudni

ሓሰወ

várni

ተጸበየ

vinni

ሰከገ

ülni

ኮፍ በለ

felvenni

ተኸድነ

aludni

ደቀሰ

felébredni

ተስአ

ránézni

ረአየ

sírni

በኸየ

simogat

ብአጻብዑ ደረዘ

fésülni

መሸጠ

beszélni

ተዛረበ

megérteni

ተረድአ

kérdezni

ሓተተ

hallgatni

ሰምዐ

inni

ሰተየ

enni

በልዐ

takarítani

አጽመጠ

szeretni

አፍቀረ

főzni

ከሸነ

vezetni

ዘወረ

szállni

ነፈረ

vitorlázni

ብመርከብ ገየሽ

számol

ደመረ

olvasni

አንበበ

tanulni

ተመሃረ

dolgozni

ሰርሐ

házasodni

መርዓወ

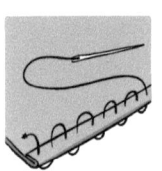

varrni

ሰፈየ

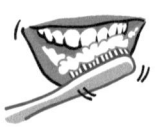

fogat mosni

ጽሬት አስናን

ölni

ቀተለ

dohányozni

ሽጋራ ተከኸ

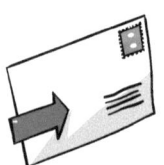

küldeni

ሰደደ

család

ስድራቤት

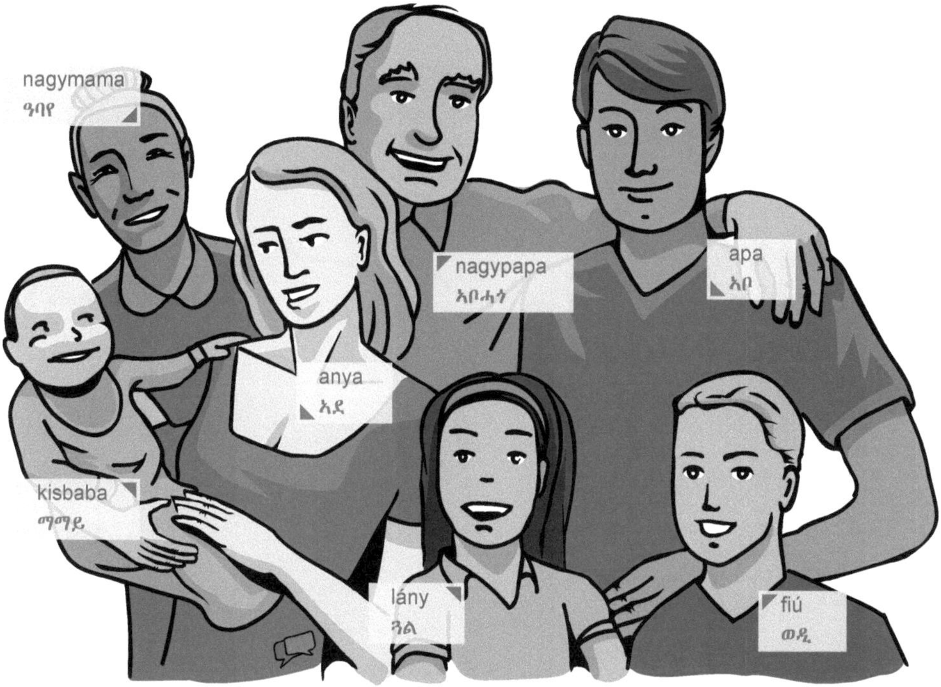
nagymama
ዓባየ
nagypapa
ኣቦሓጎ
apa
ኣቦ
anya
ኣደ
kisbaba
ማማይ
lány
ጓል
fiú
ወዲ

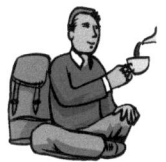

vendég

ጋሻ

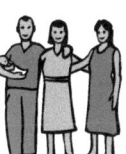

nagynéni

ሓትኖ

nagybácsi

ኣኮ

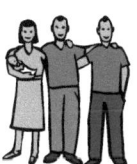

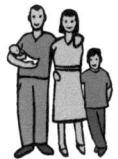

fiútestvér

ሓው

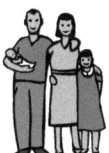

lánytestvér

ሓፍቲ

test

ኣካላት

homlok
ግንባር
szem
ዓይኒ
váll
መንኩብ
ujj
ኣጻብዕ
arc
ገጽ
áll
መንከስ
kéz
ኢድ
láb
ሽፋን እግሪ
mell
ኣፍ-ልቢ
kar
ምናት

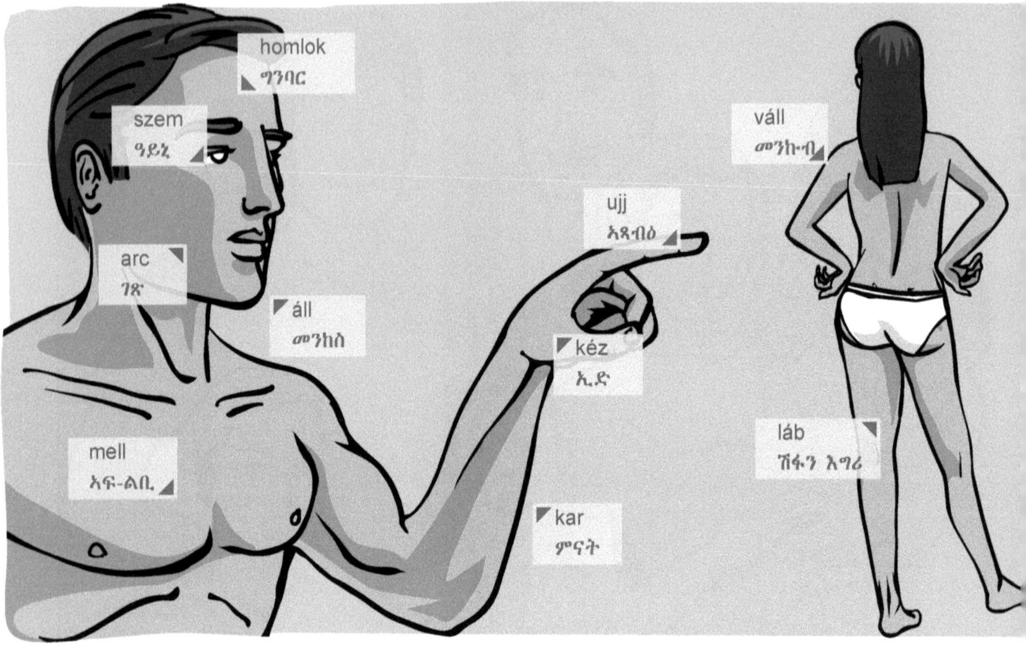

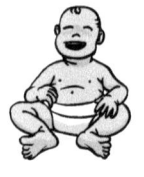

kisbaba
ማማይ

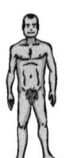

ember
ሰብኣይ

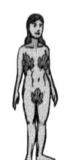

nő
ሰበይቲ

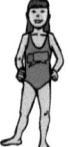

lány
ጓል

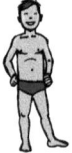

fiú
ወዲ

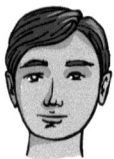

fej
ርእሲ

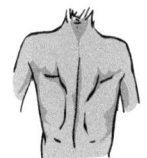

hát

ሕቖ

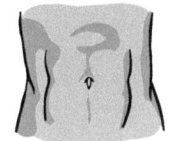

has

ከስዐ

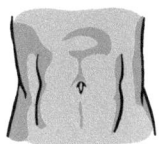

köldök

ሕምብርቲ

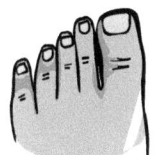

lábujj

አጻብዕ እግሪ

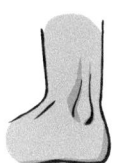

sarok

ኩርኹረ

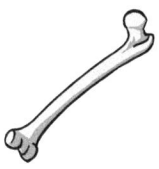

csont

ዓጽሚ

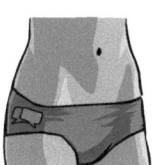

csípő

ምሕኹልቲ

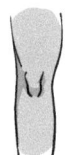

térd

ብርኪ

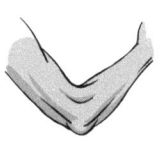

könyök

ፍግፍጐ

orr

አፍንጫ

fenék

መቓኲ

bőr

ቆርበት

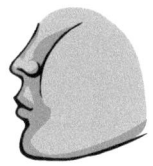

orca

ምዕጉርቲ

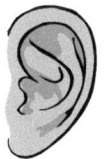

fül

እዝኒ

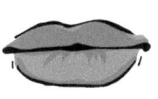

ajak

ከንፈር

száj

አፍ

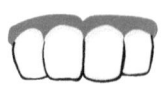

fog

ስኒ

nyelv

መልሓስ

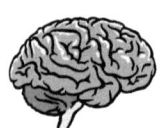

agy

ሓንጎል

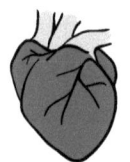

szív

ልቢ

izom

ጭዋዳ

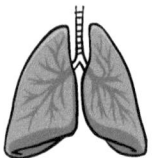

tüdő

ሳንቡእ

máj

ጸላም ከብዲ

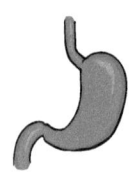

gyomor

ከብዲ

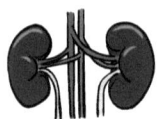

vese

ኩሊት

szex

ግብረ ስጋ

kondom

ኮንዶም

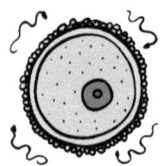

petesejt

እንቁቖሓ

sperma

ዘርኢ ተባዕታይ

terhesség

ጥንሲ

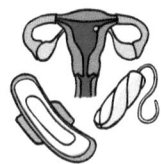

menstruáció

ጽግያት

vagina

ርሕሚ

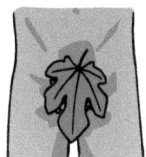

pénisz

መትሎ

szemöldök

ሽፋሽፍቲ

haj

ጸጉሪ

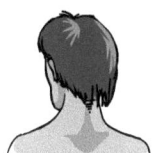

nyak

ክሳድ

kórház
ሆስፒታል

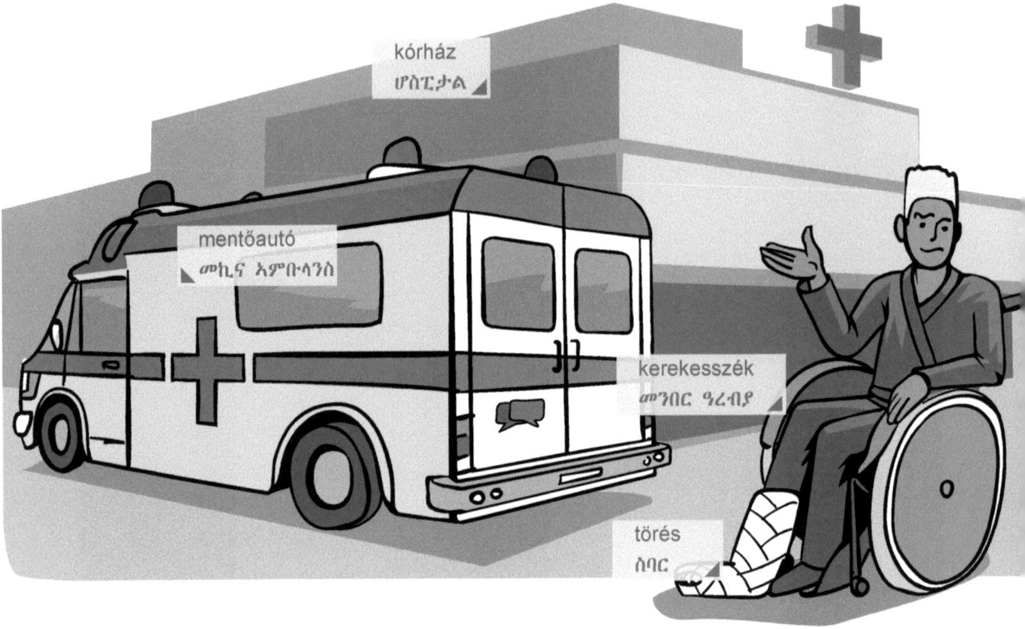

kórház
ሆስፒታል
mentőautó
መኪና ኣምቡላንስ
kerekesszék
መንበር ዓረብያ
törés
ስባር

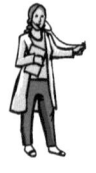

orvos

ሓኪም

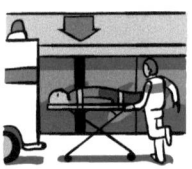

sürgősségi osztály

ክፍሊ ህጹጽ ረድኤት

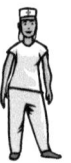

ápoló

ኣላይት

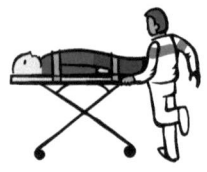

vészhelyzet

ህጹጽ ኩነት

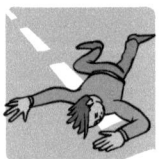

eszméletlen

ውነኡ ዘጥፍአ

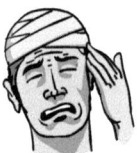

fájdalom

ቃንዛ

sérülés

ጉድኣት

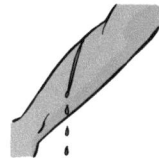

vérzés

ደም

szívroham

ማህረምቲ

szélütés

ማህረምቲ

allergia

ኣለርጂ

köhögés

ሰዓል

láz

ረስኒ

influenza

ኡንፍልወንዛ

hasmenés

ውጽኣት

fejfájás

ቃንዛ ርእሰ.

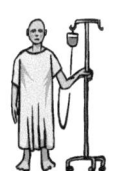

rák

መንሽሮ

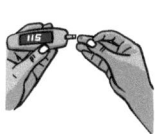

cukorbetegség

ሹኮርያ

sebész

ሓኪም መጥባሕቲ

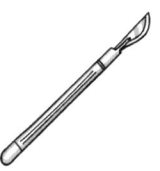

szike

መጥብሒ

műtét

መጥባሕቲ

CT

CT

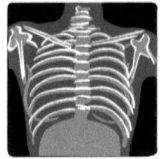

röntgen

ራጁ

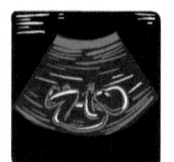

ultrahang

ልዕለ ድምጸዊ

arcmaszk

መሸፈኒ ገጽ

betegség

ሕማም

váróterem

ክፍሊ ምጽባይ

mankó

ምርኩስ

sebtapasz

መጀነኒ ቍስሊ

kötszer

መጀነኒ

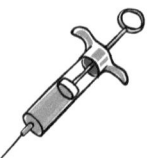

injekció

መርፍዕ ምውጋእ

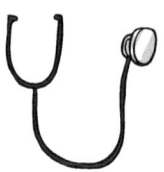

sztetoszkóp

ስተቶስኮፕ

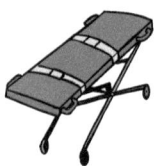

hordágy

መሰከሚ ሕማም

klinikai hőmérő

ቴርሞመተር

születés

ትውልዲ

túlsúly

ልዕለ-ሚዛን

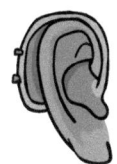

hallókészülék

ሓገዝ ምስማዕ

fertőtlenítőszer

ኣንጻሂ

fertőzés

ልበዳ

vírus

ቫይረስ

HIV/AIDS

ኤድስ

orvosság

ሕክምና

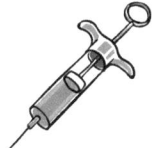

oltás

ክታበ

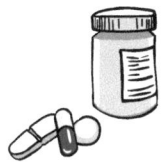

tabletták

ከኒና

tabletta

ከኒና

sürgősségi hívás

ህጹጽ ምድዋል

vérnyomásmérő

መዕቀኒ ጸቕጢ ደም

betegség / egészség

ሕማም / ጥዑይ

Segítség!

ሓገዝ

riasztás

ኣላርም

rajtaütés

ምህጃም

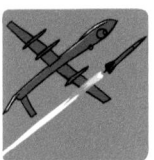

támadás

መጥቃዕቲ

veszély

ድንገት

vészkijárat

ህጹጽ መውጽኢ

tűz!

ሓዊ!

tűzoltókészülék

መጥፍኢ ሓዊ

baleset

ሓደጋ

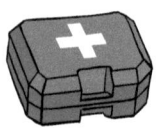

elsősegélycsomag

ሳንጣ ቀዳማይ ረድኤት

SOS

SOS

rendőrség

ፖሊስ

Európa

ኤውሮጳ

Észak-Amerika

ሰሜን አመሪካ

Dél-Amerika

ደቡብ አመሪካ

Afrika

አፍሪቃ

Ázsia

ኤስያ

Ausztrália

አውስትራልያ

Atlanti-óceán

አትላንቲክ

Csendes-óceán

ፓሲፊክ

Indiai-óceán

ህንዳዊ ዉቕያኖስ

Déli-óceán

አንታርቲካዊ ዉቕያኖስ

Jeges-tenger

አርክቲካዊ ዉቕያኖስ

Északi-sark

ሰሜናዊ ዋልታ

Déli-sark

ደቡባዊ ዋልታ

Antarktisz

አንታርcቲካ

föld

ምድሪ

szárazföld

መሬት

tenger

ባሕሪ

sziget

ደሴት

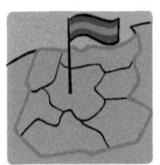

nemzet

ህገር

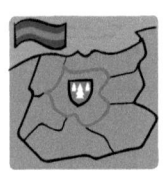

állam

ዓዲ

számlap

ገጽ ሰዓት

kismutató

አመልካቺ ሰዓታት

nagymutató

አመልካቺ ደቃይቅ

másodpercmutató

አመልካቺ ካልኢት

Mennyi az idő?

ሰዓት ክንደይ አሎ?

nap

መዓልቲ

idő

ግዜ

most

ሕጂ

digitális óra

ዲጊታል ሰዓት

perc

ደቒቅ

óra

ሰዓት

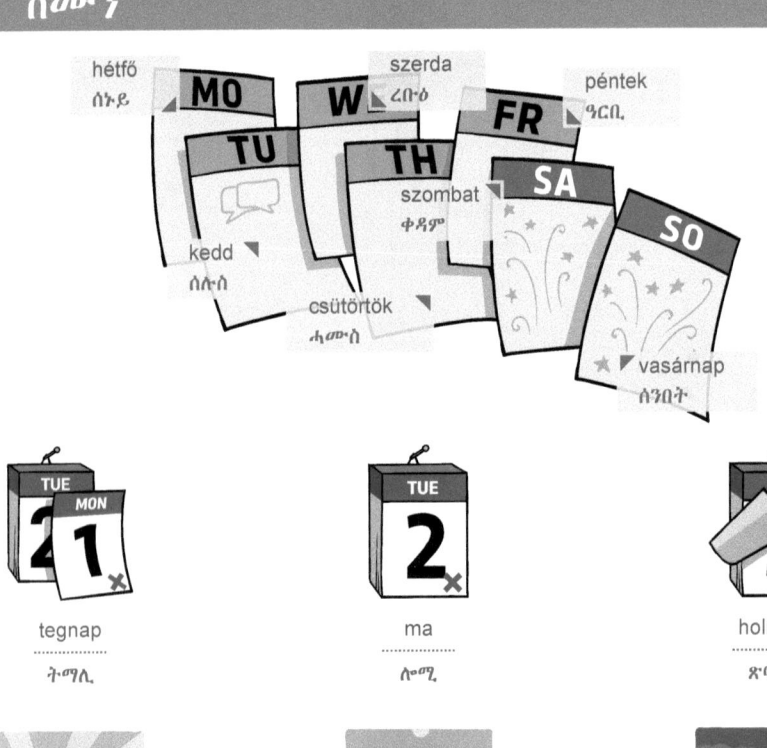

hétfő ሰኑይ — MO
kedd ሰሉስ — TU
W ረቡዕ (szerda)
TH — csütörtök ሓሙስ
szombat ቀዳም — SA
FR — péntek ዓርቢ
SO — vasárnap ሰንበት

tegnap
ትማሊ

ma
ሎሚ

holnap
ጽባሕ

reggel
ንጎሆ

dél
ቀትሪ

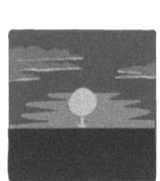

este
ምሸት

hétköznap
መዓልታት ስራሕ

hétvége
መወዳእታ ሰሙን

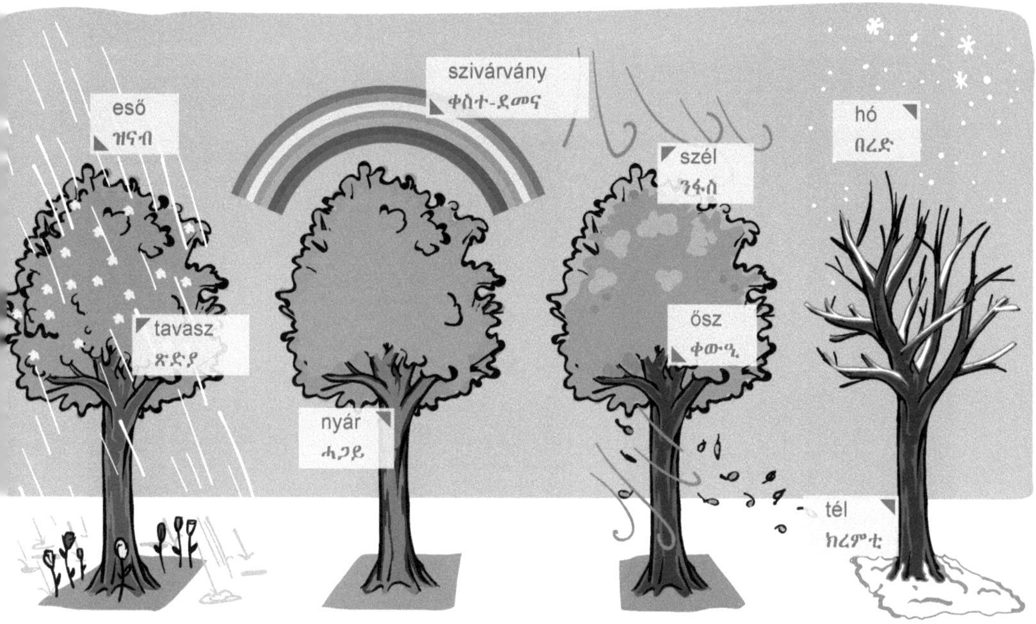

eső
ዝናብ

szivárvány
ቀስተ-ደመና

hó
በረድ

szél
ንፋስ

tavasz
ጸደይ

ősz
ቀውዒ

nyár
ሓጋይ

tél
ክረምቲ

4.APRIL	11°	☀
5.APRIL	4°	⛆
6.APRIL	13°	☁
7.APRIL	8°	☀
8.APRIL	10°	☀

idöjárás elörejelzés

ትንቢት ኩነታት ኣየር

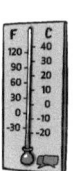

hömérö

ቴርሞመተር

napsütés

ብርሃን ጸሓይ

felhö

ደበና

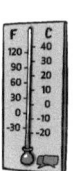

köd

ግመ

páratartalom

ጠሊ

villámlás

ብርቂ

mennydörgés

ነጕዳ

vihar

ህቦብላ

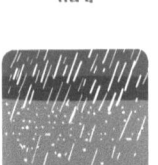

jégeső

በረድ

monszun

ብርቱዕ ህቦብላ

áradás

ውሕጅ

jég

በረድ

január

ጥሪ

február

ለካቲት

március

መጋቢት

április

ሚያዝያ

május

ግንበት

június

ሰነ

július

ሓምለ

augusztus

ነሓሰ

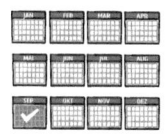

szeptember

መስከረም

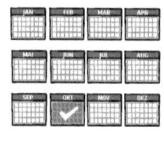

október

ጥቅምቲ

november

ሕዳር

december

ታሕሳስ

alakzatok
ቅርጻታት

kör

ዙርያ

négyzet

ትራብዒት

téglalap

ቅኑዕ ርቡዕ ኲርናዕ

háromszög

ስሉስ ኲርናዕ

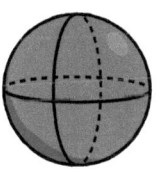

gömb

ክቢ

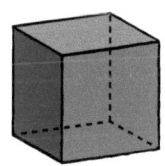

kocka

ኩቦ

fehér

ጸዕዳ

sárga

ብጫ

narancs

ኣራንሺ

rózsaszín

ፒንክ

piros

ቀይሕ

lila

ጃኽ

kék

ሰማያዊ

zöld

ቀጠልያ

barna

ቡናዊ

szürke

ሓሙኽሽታይ

fekete

ጸሊም

sok / kevés

ብዙሕ / ውሑድ

mérges / nyugodt

ሕሩቕ / ሰላማዊ

szép / csúnya

ጽቡቕ / ክፉእ

kezdet / vég

መጀመርያ / መወዳእታ

nagy / kicsi

ዓቢ / ንእሽቶ

világos / sötét

ብሩህ / ጸልማት

fivér / nővér

ሓው / ሓፍት

tiszta / koszos

ጽሩይ / ርሳሕ

teljes / nem teljes

ምሉእ / ዘይምሉእ

nappal / éjszaka

መዓልቲ / ለይቲ

halott / élő

ሙዊት / ህልው

széles / keskeny

ሰፊሕ / ጸቢብ

ehető / nem ehető

ደስ ዘበል / ደስ ዘይብል

gonosz / kedves

እኩይ / ህያዋይ

izgatott / unott

ርቡጽ / ስልኩይ

kövér / vékony

ረጒድ / ቀጢን

első / utolsó

ቀዳማይ / ናይ መወዳእታ

barát / ellenség

ዓርኪ / ጸላኢ

teli / üres

ምሉእ / ባዶ

kemény / puha

ተሪር / ልስሉስ

nehéz / könnyű

ከቢድ / ፈኩስ

éhség / szomjúság

ጥምየት / ጽምየት

betegség / egészség

ሕሙም / ጥዑይ

illegális / legális

ዘይሕጋዊ / ሕጋዊ

intelligens / buta

መስተውዓሊ / ስዂ

bal / jobb

ጸጋም / የማን

közel / távol

ቀረባ / ርሑቕ

új / használt

ሓዲሽ / ብሉይ

semmi / valami

ዋላ ሓደ / ገለ

idős / fiatal

ዓቢ/ኣረጊት / መንእሰይ

be / ki

ወልዕ / ኣጥፍእ

nyitva / zárva

ክፉት / ዕጹው

csendes / hangos

ህዱእ / ዓው

gazdag / szegény

ሃብታም / ድኻ

helyes / helytelen

ቅኑዕ / ግጉይ

érdes / sima

ሓርፋፍ / ልሙጽ

szomorú / vidám

ጉሁይ / ሕጉስ

rövid / hosszú

ሓጺር / ነዊሕ

lassú / gyors

ቀስ / ቅልጡፍ

nedves / száraz

ጥሉል / ንቑጽ

meleg / hideg

ምዉቕ / ዝሑል

háború / béke

ውግእ / ሰላም

0	**1**	**2**
nulla	egy	kettő
ዜሮ	ሓደ	ክልተ

3	**4**	**5**
három	négy	öt
ሰለስተ	ኣርባዕተ	ሓሙሽተ

6	**7**	**8**
hat	hét	nyolc
ሽዱሽተ	ሸውዓተ	ሸሞንተ

9	**10**	**11**
kilenc	tíz	tizenegy
ትሽዓተ	ዓሰርተ	ዓሰርተ ሓደ

12

tizenkettő

ዓሰርተ ክልተ

13

tizenhárom

ዓሰርተ ሰለስተ

14

tizennégy

ዓሰርተ አርባዕተ

15

tizenöt

ዓሰርተ ሓሙሽተ

16

tizenhat

ዓሰርተ ሽዱሽተ

17

tizenhét

ዓሰርተ ሽውዓተ

18

tizennyolc

ዓሰርተ ሽሞንተ

19

tizenkilenc

ዓሰርተ ትሽዓተ

20

húsz

ዕስራ

100

száz

ሚእቲ

1.000

ezer

ሽሕ

1.000.000

millió

ሚልዮን

angol

እንግሊዝኛ

amerikai angol

አሜሪካዊ እንግሊዛዊ

mandarin kínai

ቻይናዊ ማንዳሪን

hindi

ሂንዳዊ

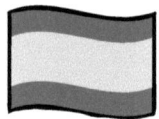

spanyol

እስጳኛዊ

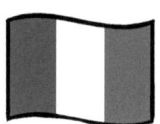

francia

ፈረንሳዊ

arab

ዓረባዊ

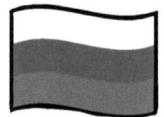

orosz

ሩሲያዊ

portugál

ፖርቱጋላዊ

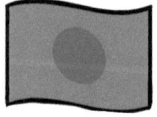

bengáli

በንጋሊ

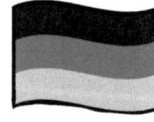

német

ጀርመናዊ

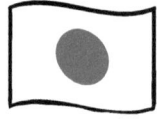

japán

ጃፓናዊ

én
አነ

te
ንስኻ/ኺ.

ö
ንሱ / ንሳ / ንሱ

mi
ንሕና

ti
ንስኻ

ök
ንሳቶም

ki?
መን?

mi?
እንታይ?

hogyan?
ከመይ?

hol?
አበይ?

mikor?
መዓስ?

név
ሽም

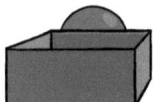

mögött

ድሕሪ

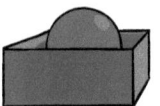

benne

አብ

elötte

አብ ቅድሚ

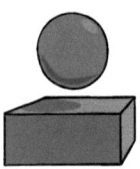

felette

አብ ላዕሊ

rajta

አብ ልዕሊ

alatta

ትሕቲ ምድሪ

mellett

አብ ጥቓ

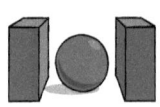

között

አብ መንጎ

hely

ቦታ